Maria Mulambo

Rainha da Luz na Escuridão

Sebastião Cabral

Maria Mulambo

Rainha da Luz na Escuridão

MADRAS®

© 2025, Madras Editora Ltda.

Editor:
Wagner Veneziani Costa (*in memoriam*)

Produção e Capa:
Equipe Técnica Madras

Revisão:
Arlete Genari
Neuza Rosa

**Dados Internacionais de Catalogação na Publicação
(CIP)(Câmara Brasileira do Livro, SP, Brasil)**

Cabral, Sebastião
Maria Mulambo: rainha da luz na escuridão/Sebastião Cabral. – São Paulo: Madras, 2025.

ISBN 978-85-370-1242-0

1. Mediunidade 2. Romance brasileiro 3. Umbanda (Culto) I. Título.

20-32983   CDD-299.672

Índices para catálogo sistemático:
1. Romances mediúnicos: Umbanda 299.672
Cibele Maria Dias – Bibliotecária – CRB-8/9427

É proibida a reprodução total ou parcial desta obra, de qualquer forma ou por qualquer meio eletrônico, mecânico, inclusive por meio de processos xerográficos, incluindo ainda o uso da internet, sem a permissão expressa da Madras Editora, na pessoa de seu editor (Lei nº 9.610, de 19/2/1998).

Todos os direitos desta edição reservados pela

MADRAS EDITORA LTDA.
Rua Paulo Gonçalves, 88 – Santana
CEP: 02403-020 – São Paulo/SP
Tel.: (11) 2281-5555 – (11) 98128-7754
www.madras.com.br

SOU A POMBAGIRA CHEFE DA ORGANIZAÇÃO MARIA MULAMBO.

Amados filhos, simpatizantes e seguidores, eu, Maria Mulambo, na condição de comandante em chefe desta falange, deixo-vos um breve resumo de como ou para que nascem as organizações espirituais e como elas se estendem infinitamente pelo Universo.

Índice

Narração 9
1. Quem é Maria Mulambo? 15
2. Maria Mulambo 23
3. Quem São as Mulambos 33
4. Sou Mulambo 35
5. A Recusa de Viver Infeliz 39
6. Jeremias Foge da Fazenda 45
7. Maria em Busca da Felicidade 47
8. A Vingança de Prudêncio 51
9. O Legado de Mulambo 55
10. Considerações do Autor 59
Considerações da Guardiã 151

Narração

Fundamentados nos princípios e observâncias da Lei Maior, baseando-se nos pilares regentes da criação divina, os conselhos de anciões celestiais criam e organizam comandos sagrados por todos os sistemas galácticos dando origem, assim, a organizações de elevadas hierarquias compostas por grupamentos de seres espirituais dotados de extraordinária evolução e inteligência.

Quando os comandos sagrados recebem essas determinações, imediatamente se mobilizam e formam os núcleos de subcomandos planetários, que por sua vez também se organizam e formam os comandos de luz, grupos constituídos por mestres iluminados que têm como objetivo zelar pela evolução espiritual em mundos habitados por espíritos humanos de muitos sistemas solares. Por sua vez, esses grupos de seres especiais repassam as determinações dos anciões para autoridades planetárias de todos os sistemas galácticos e essas buscam a melhor forma de trabalhar em harmonia com dimensões de considerável padrão vibratório, habitadas por espíritos de elevado grau de evolução. São esses seres ascencionados que formam o conselho de mestres de cada sistema planetário. São esses irmãos iluminados que formam e comandam as organizações de Guardiões de Lei.

Essa organização planetária rege a ordem evolutiva espiritual e é responsável por desenvolver vida inteligente ou irracional na terra e em muitos outros planetas habitáveis. Todos os espíritos viventes ou desencarnados do Universo obrigatoriamente respondem a esse comando planetário sobre as ações que praticaram, chamamos isso de Livro da Vida.

Essas inteligências, antes de nos enviar a missões como encarnados em qualquer plano físico, torna-nos conhecedores da situação cármica em que nos encontramos. Antes do evento da encarnação, acontece uma série de encontros espirituais entre o grupo que formará uma futura família. Em muitas dessas reuniões que participamos, recebemos orientações de emissários dos planos superiores alertando-nos sobre os riscos de assumirmos compromissos muito complexos e que não tenhamos condições de honrar.

Obviamente, essas prerrogativas se fazem necessárias justamente para se evitar que o espírito fracasse nas missões previamente assumidas perante o conselho de iluminados; dessa forma, evita-se que encarnações fracassem e nós tenhamos que prorrogar carmas.

Algumas vezes nós, candidatos a encarnados, insistimos em assumir compromissos além da nossa capacidade intelectual e acabamos postergando problemas e adquirindo novas dívidas. Portanto, não somos vítimas inocentes em absolutamente nenhuma situação que passamos depois que entramos no corpo físico. Está tudo previamente programado por nós e nossos mentores. Ao contrário do que imagina uma imensa maioria de encarnados, somos nós que procuramos essas tarefas, porque temos certas necessidades particulares, precisamos amenizar nossa caminhada rumo à evolução espiritual e assim nos impomos essas dificuldades.

Todos os espíritos, quando estão em fase de preparação para entrar no corpo físico, traçam suas estratégias para enfrentar e vencer os desafios que programaram e outros que certamente surgirão em seu caminho. Em todos os setores da humanidade existe um enorme emaranhado de problemas que, de uma forma ou de outra, esse imbróglio terá de ser resolvido. Em todos os seguimentos sociais há ajustes a serem feitos. Todos somos espíritos em ascensão, ainda temos um longo trecho a percorrer. Nesse momento estamos aprendendo a andar pelos caminhos cristalinos da criação.

Aos irmãos encarnados quero dizer que, apesar de toda essa preparação feita antes de reencarnarmos, ainda assim, corremos um enorme risco de falharmos em nossa missão, especialmente na Terra, onde a vida oferece inúmeras oportunidades de nos envolvermos em crimes e todos nós temos de passar pelo crivo da espiritualidade suprema, especialmente os irmãos que escolhem missões humanitárias de alta complexidade, como a maioria dos irmãos que escolhem posições de lideranças, seja qual for o seguimento, inclusive no campo da religiosidade, da espiritualidade, do esoterismo, ou como queiram vocês os chamar.

Desejo que os espíritos encarnados saibam que, com o médium de Umbanda ou qualquer outro seguimento religioso, o sistema não é diferente. Entendam que a vida de quem se dispõe trabalhar com a espiritualidade e, consequentemente, marcha em busca de ascensão espiritual assumindo liderança religiosa, torna-se muito mais visível no baixo etéreo e passa a receber atenção especial e possíveis cargas negativas enviadas pelos espíritos marginais que habitam essa parte do Universo, e que passam a ver nesse encarnado um virtual inimigo.

Entretanto, a existência terrena de um médium ou de outras lideranças religiosas não pode e não será analisada pelo comando cármico de modo simplório, como imaginam os espíritos que vibram em baixa frequência, que tratam esses irmãos como inimigos.

É óbvio que esses irmãos pensam dessa forma porque ainda estão mergulhados na escuridão da consciência e veem na marginalidade a forma de se manterem no poder. Portanto, pensando dessa maneira, eles se sentem descompromissados com o sagrado, ou qualquer outra forma de poder celestial. Esses irmãos ainda estão vivendo seu momento primitivo e acabam se aproximando dos espíritos marginais do baixo etéreo, que se aproveitam da ignorância deles e formam suas falanges sombrias de espíritos fora da lei, e são esses irmãos que perturbam enormemente as dimensões inferiores.

Esses espíritos descuidados e inconsequentes acabam vivenciando terríveis experiências no umbral e, em muitos casos, transferem para a encarnação seguinte uma carga negativa muito significativa.

De certa forma, mesmo que o espírito vivente não se lembre de nada que foi combinado em muitas daquelas reuniões de firmeza espiritual, em que lhe foram apresentadas as regras normativas e as estratégias preparadas para seu caminho durante sua encarnação quando estava sendo organizado tal processo, o futuro vivente tem a exata noção do que vai lhe acontecer durante a vida física e, conscientemente, esse espírito firmou compromisso com as organizações superiores que regem essa parte da missão planetária.

Todavia, faz-se necessário que esse indivíduo saiba em detalhes sobre seu futuro e que seus compromissos não têm prazo de validade. Sua missão está sempre se renovando a cada dia de sua existência, neste, ou em qualquer outro planeta. Os espíritos que assumem maiores responsabilidades são justamente aqueles com menores condições de as cumprirem, exatamente porque deixaram resquícios de tarefas inacabadas em todas as vezes que estiveram encarnados.

Portanto, são espíritos sedentos de evolução, mas, quando recebem novas chances, acabam desperdiçando-as, gerando assim novos carmas.

Normalmente esses espíritos são preparados pelo plano maior para trabalharem em hospitais, casas de caridade e centros espirituais beneficiando seus irmãos, para que, com o contato sistemático com maneiras diferentes de pensar ou agir, isso possa lhe possibilitar uma possível elevação moral.

Entretanto, existem os espíritos que recebem missões específicas e, entre esses, podemos destacar um grupo em especial. São irmãos que trabalham em maior contato com espíritos desequilibrados e, portanto, merecem maior atenção. Estamos falando exclusivamente de médiuns e dirigentes de centros espirituais. Quando um irmão resolve atender ao chamado da espiritualidade e se dispõe a ceder o corpo para que os mentores espirituais trabalhem usando seu aparelho físico, não deve em nenhuma hipótese encarar essa dádiva como sacrifício. O vivente deverá se sentir honrado e encarar sempre como uma missão nobre o ato de incorporar seus guias e oferecer conforto aos irmãos necessitados de orientação ou tratamento espiritual.

O médium deverá cuidar de sua falange e, acima de tudo, zelar pela sua boa conduta, para que possa receber mentores de alto nível espiritual, especialmente os médiuns que querem a honrada companhia de uma guardiã com a conduta e desenvoltura da Pombagira Maria Mulambo.

1. Quem é Maria Mulambo?

Esse é um espírito membro da organização Exu de Lei, que trabalha nos centros de apoio espiritual; é uma Pombagira chefe de falange, fundadora e mantenedora da organização Maria Mulambo. Ela teve sua última encarnação no nordeste do Brasil na última era escravocrata, entre o ano de 1780 a 1850. Quando esteve encarnada, durante algum tempo viveu sob o comando áspero e absolutista de seu pai, um coronel nordestino possuidor de uma vasta extensão de terra e relevante número de escravos.

Essa moça, quando esteve encarnada, viveu rodeada de bens materiais em excesso, entretanto, ela fazia uso somente o suficiente para se manter. É exatamente por isso que ela sabe lidar muito bem com a riqueza sem transformá-la em ostentação. Mulambo também sabe fazer bom uso da mesma riqueza que detém em seu reino astral. Ela é uma guardiã que conhece o mundo perigoso do *glamour*, todavia se destaca em seus trabalhos nos centros espirituais, por ser muito popular, alegre e atenciosa com consulentes e admiradores, independentemente do grupo ou gênero a que eles pertençam. Essa Pombagira não divide as pessoas pela sexualidade, raça ou classe social. Maria Mulambo, como guardiã, é extremamente protetora, uma mãe zelosa, que guarda, orienta e cuida bem de seus filhos carinhosamente, porém, como todas as mães do Universo, ela dá atenção especialmente àquele filho que reconhece seu valor, sobretudo sua autoridade moral e grandeza como orientadora espiritual, e segue sua cartilha de boa conduta valorizando o aprendizado.

No plano físico, Mulambo é uma Pombagira carismática que exerce forte liderança nos terreiros de Umbanda ou centros espirituais em que trabalha. Ela está sempre se dedicando a promover o bem-estar das pessoas que lhe pedem ajuda. No mundo espiritual, além de exercer uma excepcional chefia de falange, ela forma excelentes parcerias com outras Guardiãs. Trabalha, inclusive, com Maria Padilha no desenvolvimento de vários projetos de proteção a mulheres que se encontram no estágio de recém-desencarnadas, necessitando de socorro.

Mulambo é uma das Pombagiras que também faz parte da falange dos Exus de Lei, e atua firmemente na defesa das mulheres que habitam o perigoso mundo da prostituição, protegendo, organizando suas vidas e retirando desse campo aquelas que desejam abandonar tal atividade.

Maria Mulambo é um espírito ascensionado, que, para ocupar o posto de Pombagira chefe de falange, teve de manter sempre em alta sua conduta moral, portanto, ela jamais se envolveu em promiscuidade ou qualquer outro tipo de corrupção. Quando esteve no corpo físico em sua última encarnação, fez parte de uma família oligarca que comandava a cidade de uma capitania hereditária. Quando encarnada, ela foi detentora de muita riqueza material e, dada sua excepcional conduta moral, fazia questão de dividir com a população necessitada; obviamente, ela não precisou se prostituir nem se vender de qualquer forma para viver confortavelmente.

Consta, em estudos comprovados, que o espírito que habitou aquele corpo havia ficado pouco tempo no astral entre a existência anterior e aquela que estava em curso, portanto trouxera consigo muitos conhecimentos e conceitos que a sociedade da época custou entender, pois seu posicionamento era moderno para aquele tempo. Por isso, ela foi pouco compreendida, por conta do padrão social que estava vivendo a sociedade brasileira, porém, nos dias atuais, ama e venera essa excepcional mulher.

Mulambo é um espírito antigo e evoluído, desprendido dos apegos de bens materiais, que passou aqui pela vida terrena para nos deixar uma lição nobre. Detinha um QI muito elevado, também era detentora de alto índice de benevolência e fraternidade, o que nos faz enxergar nela um espírito de excepcional evolução espiritual, profundamente comprometido com o bem-estar de seus semelhantes. O nível evolutivo daquela jovem era tão extraordinário, que mesmo sendo muito jovem, e membro de uma família extremamente católica, inexplicavelmente detinha conhecimento mágico. Conforme ia se tornando adulta, esses dotes iam aflorando e, ainda bem moçinha, ela já receitava banhos e remédios naturais para moradores da fazenda e demais comunidades quilombolas que a procuravam.

Entretanto, ela não queria guardar tais conhecimentos e os ensinava para as mulheres da fazenda, especialmente àquelas que demonstrassem interesse em adquirir seus dons. Essas atitudes de Maria a diferenciavam das demais meninas da região e também de suas contemporâneas, igualmente oligarcas, que apenas se interessavam pela herança dos pais ou em arrumar maridos igualmente ricos.

Detentora desses predicados, Mulambo fez a diferença entre os jovens de sua época. Entretanto, não foi apenas naquele ponto da história que ela se destacou. Nos dias atuais, ela continua influenciando fortemente uma imensa massa de seguidores de ambos os sexos, naquela e em todas as regiões do Brasil e em vários pontos desse planeta, especialmente no continente americano, onde ela é venerada em todos os idiomas falados nessa parte da Terra.

As pessoas escolhidas por essa Pombagira são aquelas que se mostram mais determinadas a seguir sua conduta, normalmente ela lhes outorga bons conhecimentos e as faz detentoras de dotes especiais, enchendo-as de possibilidades e prosperidade, entretanto, se um desses escolhidos lhe faltar com a conduta esperada, ela simplesmente se afasta e deixa-o entregue à própria sorte, para que ele colha os frutos da árvore mal plantada. Porém, em nenhuma hipótese, ela o abandonará, sempre que esse filho perceber que está seguindo um curso diferente do que sua Pombagira determinou e clamar seu socorro, ela estará presente e pronta para estender sua mão e o elevar ao posto de filho protegido novamente.

A liderança de Mulambo não se restringe ao astral; essa Guardiã lidera uma falange enorme de encarnados e desenvolve um trabalho especial junto à comunidade homossexual, grupo que tem verdadeira devoção a essa mulher e nutre imenso carinho por ela. Mulambo sabe das dificuldades de se fazer presente em muitos ambientes que realmente necessitam de sua ajuda, isso porque o preconceito que essa corrente espiritual enfrenta é enorme. No entanto, ela não se abstém de seu compromisso espiritual e, mesmo enfrentando dificuldades, mantém sua presença e continua assistindo uma enorme massa de filhos e admiradores.

As dificuldades que essa corrente espiritual enfrenta são tamanhas, que, quando falamos com alguém sobre o trabalho que fazem as Pombagiras, muitas pessoas sentem medo delas. Isso até é compreensível por conta de alguns adeptos que acabam fazendo mau uso de sua imagem, mas devemos e temos obrigação moral de trabalhar mais e intensamente para difundir nossos guardiões. As pessoas sentem medo por não conhecerem o trabalho dessas mulheres espetaculares, que foram capazes de renunciar muitas oportunidades em suas vidas, quando estavam encarnadas, para se dedicarem às causas humanitárias.

Infelizmente, ainda nos dias atuais, elas são vistas como mulheres de vida errantes, que se envolveram com a marginalidade e que conduzem suas filhas para tais caminhos. Essa visão que as pessoas têm delas não representam a realidade, não passando de mistificação e criminalização. Muitos irmãos pensam dessa forma por não conhecerem as verdadeiras histórias dessas mulheres maravilhosas.

Saibamos que a Pombagira nada mais é do que um ser espiritual evoluído que se coloca bem próximo de nós, para despertar no espírito encarnado sua responsabilidade, que por algum motivo esqueceu ou finge haver esquecido. Essas mulheres fazem parte de uma grande organização humanitária criada pelos integrantes do conselho de iluminados, para trabalhar em favor de seus filhos e, evidentemente, de toda a humanidade contemporânea.

A Pombagira Maria Mulambo e seus pares são o reflexo da mulher madura e sensual, que encontrou sua independência como ser pensante. Essas mulheres lutam em tempo integral contra injustiças praticadas no mundo imaterial; elas combatem veementemente a submissão feminina no mundo físico. A Pombagira tem seu jeito próprio de agir, mas não é absoluta nem está acima da lei, obedece às ordens vindas de um comando planetário ao qual se reporta e segue fielmente suas determinações. Elas trabalham entre nós porque acreditam na força da evolução espiritual e sabem que somos capazes de ascender a degraus superiores e alcançá-los; basta que tenhamos persistência e humildade para reconhecermos que necessitamos melhorar nossa caminhada e que somos capazes de andar por caminhos compostos por energias mais sutis. Todavia, para que isso aconteça, faz-se necessário que mudemos alguns conceitos que nos acompanham. Mulambo nos chama a atenção para um fato muito importante para a espiritualidade.

Em muitas tendas e terreiros de Umbanda ou roças de Candomblé a incorporação vem deturpada, cheia de trejeitos, com a fala cheia de palavrões e bebedeira, um exagero que é creditado aos espíritos. Isso nada mais é do que a falta de postura do médium, pois sabemos que é ele quem gosta de adornos extravagantes e, consequentemente, como está com seu mental ligado às coisas decorativas, acaba dando pouca importância à espiritualidade de fato.

Quando uma Pombagira executa sua dança durante as giras de Umbanda, assim o faz simplesmente para que os fluidos negativos do ambiente se dissipem e toda a vibração densa do lugar mude, transformando-se em energia sutil benéfica e positiva, pois se quisesse beber e se divertir, ela o faria dentro de seu castelo, rodeada de mulheres de sua falange, abastecida de boa bebida e acompanhada de um grupo de amigos.

Essas mulheres são especiais; elas não escolhem corpos para atuar, pouco se importam se o filho pertence ao sexo masculino ou feminino, pois sabemos que homens também podem e devem trabalhar com essa força feminina. Devem usar a energia e magia dessas divas para evoluírem como médiuns, todavia, não é necessário se preocupar em assumir uma postura feminina extremada, pois com toda a certeza ela não virá tão exigente e não lhe cobrará tamanha semelhança.

Elas não precisam desses materiais para trabalhar ou desempenharem suas tarefas. É praticamente imperceptível quando uma Pombagira trabalha em um médium do sexo masculino. Porém, temos de ser discretos, para que, caso os irmãos percebam algum excesso cometido por um médium, também não o julguem por tal comportamento. Isso pode ser realmente um excesso do encarnado, mas, também pode ser irradiação de um espírito exibicionista, que está naquele momento se aproveitando daquele médium para denegrir a imagem de uma Pombagira, que deveria estar naquele lugar trabalhando, mas teve essa condição subtraída, pois seu aparelho mediúnico, por estar vulnerável, foi invadido por um espírito sombrio.

Entretanto, quero salientar que esse tipo de evento é muito comum em centros espirituais que não dispõem de uma defesa energética suficientemente organizada para repelir esses espíritos marginais. Porém, os médiuns, muitas vezes por não terem conhecimentos sobre qual Exu ou Pombagira incorporam, inconscientemente acabam dando passagem para esses espíritos mal intencionados e estes zombam de tudo o que está acontecendo no centro, porque não têm nenhum compromisso com a verdade ou detêm a seriedade que um trabalho espiritual requer.

Nós e os médiuns de boa índole sabemos que uma verdadeira Pombagira não pode se comportar de maneira grosseira ou rudimentar; ela tem traço nobre adquirido ao longo de suas existências. Essas mulheres já estão há bastante tempo trabalhando no plano espiritual para melhorar a vida dos viventes no plano físico. É assim que galgam igualmente sua evolução espiritual, mas, infelizmente, muitos encarnados as igualam a espíritos sombrios, que se apresentam em igrejas ou centros e, maldosamente, usam seus nomes para desenvolverem trabalhos de demandas.

As Pombagiras de verdade trabalham em favor da instituição familiar e não estão mais no estágio espiritual de se envolver com trabalho de magia negra. Pombagira é luz em nosso caminho; por esse motivo temos de louvar a presença dessas mensageiras da paz e da prosperidade entre nós, espíritos encarnados, que necessitamos dessa proteção e devemos honrar nossas guardiãs. LAROIÊ.

2. Maria Mulambo

– Amados, mais uma vez atendo ao chamado de um filho para lhes falar sobre o mundo em que vivo e o trabalho que executo nesse Universo. Vou lhes mostrar como as coisas acontecem no astral, como vocês gostam de se referir ao etéreo. Esta obra literária não irá satisfazer curiosidades nem irá ensinar meus irmãos a fazerem mirongas e feitiços de cunho negativo.

Eu vou lhes relatar um trabalho de quebra de demanda que executei juntamente com meu companheiro de calunga senhor Exu Tiriri. Vou mostrar como você pode se defender das armadilhas que lhe são impostas pelas forças negativas e como se manter imune a alguns tipos de feitiço muito comum no universo dos encarnados. Sou Maria Mulambo. Falo a você que tem necessidades de definir um nome para todos os seres espirituais com os quais mantém contato, como se o simples fato de ouvir o nome ou a origem de um espírito, ele lhe desse alguma garantia de que realmente é quem diz ser. Mas, por mais que nos esforcemos, nada acaba com as dúvidas que insistem em roubar o sossego do encarnado curioso.

Outro detalhe a ser analisado cuidadosamente é: nem tudo o que vocês escutam nas cantigas, nos trabalhos dos centros ecumênicos, representam a verdade sobre os guias espirituais.

Quero afirmar a meus filhos curiosos que nosso sistema planetário não é nem de longe o que os encarnados imaginam que ele possa realmente representar. Nós, espíritos trabalhadores, quando somos solicitados e detectamos seriedade no médium, passamos algumas informações para vocês por meio das obras literárias. Adianto-lhes que o mundo de Exu e Pombagira não é um prostíbulo repleto de marginais exalando tabaco, sexo, bebida e baixa feitiçaria. Quando falamos que temos sete maridos, estamos afirmando que temos sete homens a nossos lados energéticos, dizemos que trabalhamos sincronizados em sete encruzilhadas em conjunto com esses Exus.

Mas não lhes dizemos que são nossos maridos, e sim que eles são nossos parceiros energéticos e nos colocamos do mesmo lado no combate às maldades do baixo astral. Do mesmo modo, os Exus quando dizem que têm sete mulheres, não estão lhes falando que é um promíscuo! Se assim o fosse nossa organização, que moral teria para nos apresentar diante do mestre maior e lhe pedir a oportunidade de trabalhar em prol da humanidade? Que moral nós teríamos diante dos marginais que comandam o crime no baixo etéreo, para encarcerá-los e exigir deles que quebrem as demandas que constroem?

Não seria fácil nem teríamos conduta moral o suficiente para nos apresentar diante do príncipe Lúcifer e lhe pedir a guarda de irmãos já dissecados, preparados e prontos para serem devolvidos ao comando da reencarnação. Somos espíritos evoluídos para os padrões de planetas ainda em evolução, somos Guardiões da boa conduta, temos nossas famílias no astral, um sistema semelhante ao plano físico. Existe a estrutura familiar aqui no etéreo também e prezamos pela boa formação de caráter de nossos confiados. Muitos guardiões e Pombagiras são casados, porém, seus parceiros não estão necessariamente ligados à organização Exu de Lei e isso não os impede de trabalharem normalmente naquilo que escolheram, ou foram chamados.

As mulheres continuam sem nenhum problema exercendo a função que escolheram; são Pombagiras e estão trabalhando no desenvolvimento espiritual e, obviamente, na sensualidade de suas filhas encarnadas nos trabalhos espirituais. Porém, em nenhuma hipótese uma dessas Guardiãs pode se insinuar para um encarnado, ela tem regras a serem seguidas. Para chegar ao posto de Pombagira, tivemos de atingir um ponto mínimo de conduta moral; nós não estamos trabalhando no meio de vocês em busca de bens materiais; quem precisa desses artefatos são os viventes, já temos tudo de que precisamos.

Aos filhos que frequentam centros espirituais e usam a música com instrumentos de percussão para facilitar a incorporação aos médiuns, devem se lembrar de que muitos dos pontos cantados nada têm a ver com a história de seu guia; a música é uma alusão, que não representa a realidade do mundo real imaterial. Para os viventes que se acham nossos tutores e imaginam nos passar ordens, saibam que nós, os espíritos trabalhadores, somos organizados naturalmente pelo comando planetário e Mestres da Luz e que usam como parâmetros alguns predicados do espírito.

Por exemplo: nível de consciência elevado, ausência egocêntrica, desenvolvimento espiritual em curso aceitável, organização do padrão vibratório e mensuração psicológica de cada candidato a trabalhador. Somos analisados e avaliados minuciosamente, antes de recebermos autorizações para assumirmos missões no plano físico ou nas encruzilhadas energéticas.

Os Senhores do comando sabem da necessidade que temos de trabalhar para que evoluamos juntos com vocês. Nós, espíritos trabalhadores, em conjunto com os viventes, desenvolvemos tarefas importantíssimas no Universo, mas não somos seres inúteis automatizados criados exclusivamente para obedecer aos caprichos de encarnados ousados, ou de feiticeiros arrogantes que nos procuram para impor que façamos trabalhos negativos a fim de que seus nomes ganhem credibilidades. É lógico que não os obedecemos, pois não é esse nosso objetivo, não estamos aqui para nos submeter a ordens de marginais; entretanto, eles, na maioria das vezes usam nossos nomes para esconderem suas deficiências de conhecimentos mágicos.

A vocês líderes espirituais que agem dessa maneira, eu, Pombagira Maria Mulambo, lhes deixo um alerta: mudem esse comportamento, caso contrário nenhum Exu ou Pombagira ou mentor de qualquer encruzilhada poderá lhe socorrer no baixo etéreo quando você estiver sob a lei do retorno, sofrendo sérias consequências nas mãos dos magos negros de péssima reputação, os quais vocês invocaram deliberadamente e compraram seus serviços para terem sucesso como feiticeiros enquanto encarnados.

Aos filhos de boa fé, saibam que estamos a serviço dos Mestres da Luz, trabalhamos para o bem da humanidade. Quando nos pedirem ajuda, não cobrem resultados imediatos como se nos dessem ordens, não somos serviçais particulares.

Não existe uma lei universal que nos obrigue a fazer algo que não queiramos; somos livres até os limites da boa conduta, a partir deste ponto deveremos nos reportar a seres mais elevados hierarquicamente. Temos personalidades individuais, assim como vocês também as possuem. Estamos na mesma situação que os viventes, lutando pela nossa evolução e com um longo caminho pela frente.

Não temos tempo a perder cuidando da vida alheia; somos espíritos comprometidos com médiuns que queiram evoluir conosco e não com esses que acham que nos usam como seus escravos. A esses eu aconselho que mudem suas condutas e não façam mau uso da mediunidade nem queiram passar despercebidos pelos caminhos dos Exus, pois vivemos em outra dimensão de onde vemos e sabemos muito sobre vocês. Se não interferimos em seus atos é porque temos nossas limitações, devemos respeitar a lei do livre caminhar.

Estamos aqui com uma missão e vamos cumprir nosso objetivo, pois temos uma meta a atingir; respondemos às determinações de um comando planetário que confia em nosso trabalho e não podemos decepcioná-lo. Queremos trabalhar pela evolução do planeta e levá-los sempre em direção à luz, mas faz-se necessário que vocês assim o queiram, existe uma lei universal à qual estamos subordinados.

Não somos espíritos demoníacos como alguns de vocês erroneamente nos classificam e de maneira extravagante mistificam nosso trabalho; vivemos para a caridade e estamos em busca da evolução. Trabalhamos para construir mundos melhores no universo terreno, ajudando vocês e trilhando nossos caminhos para que eles sejam o mais retilíneo possível. Sabemos e vemos suas necessidades, entretanto, nem sempre são viáveis ou cabíveis as coisas que nos pedem. Saibam que temos de ponderar muito antes de atender a algum pedido de viventes, mesmo porque vocês mudam de ideia muito rapidamente. Tais dificuldades se dão justamente porque, enquanto estamos trabalhando para fazer com que as coisas aconteçam em favor de nossos irmãos, muitos de vocês não fazem absolutamente nada para nos ajudar, ou quando fazem, incorrem no egoísmo e nos fornecem apenas o mínimo de material bom, e isso não é o suficiente para melhorar a vocês mesmos.

Muitos filhos trilham relacionamentos ambíguos achando que aquilo é o melhor para eles se embrenham em caminhos sombrios e colocam em risco a própria evolução. Tomam suas decisões sem nos consultar, fazem tudo de maneira muito individual e egocêntrica, então me respondam: para que vocês querem Exu e Pombagira se, quando decidem seguir um caminho, se esquecem de nós completamente; somente voltam a lembrar-se da espiritualidade quando o plano traçado de maneira secreta não dá certo?

Muitos filhos não ponderam suas mentes maldosas na hora de pedir que realizemos certos trabalhos e produzem em seu interior formas-pensamento tão tenebrosas que, se por acaso pudessem olhar em um espelho e esse refletisse sua forma energética naquele momento, aprenderia vigiar melhor seu estado mental.

Alguns filhos vivem mergulhados na insatisfação de tal modo, que de uma hora para outra já não querem mais o que nos pediram. Gastamos um tempo valioso para atender ao pedido dos filhos e, simplesmente, depois de organizarmos tudo como ele determinou, não mais o querem; então ficamos com um imbróglio mal resolvido em nossas mãos sem ter para quem entregar aquilo que construímos especialmente para ele. Não façam de suas vontades voláteis o caminho até seus mentores e guias, mesmo porque nossa estrada é larga e bem definida por nossos superiores, a quem fazemos questão de obedecer fielmente sem o menor questionamento.

Não somos espíritos ignorantes, que não entendem o mundo físico; saibam que a comunicação entre mentor e médium se dá por meio de mecanismos simples que dominamos facilmente; conhecemos o plano físico muito mais do que os viventes, por mais informados ou evoluídos que sejam. Trabalhamos na escuridão em favor dos irmãos menos esclarecidos que, por um motivo qualquer, necessitam de nosso socorro. Não somos seres tão sombrios como muitos viventes nos imaginam e, consequentemente, de maneira maldosa vendem nossa imagem como se fôssemos espíritos demoníacos intransigentes, assassinos; essa caricatura está interiorizada no mental do encarnado que nos usa de má fé, quando lhe é conveniente para ganhar dinheiro.

Se assim o fosse, não teríamos a confiança do comando planetário, tampouco dos mestres responsáveis pelo perfeito funcionamento do Universo, nem o respeito de nossos irmãos dragões que comandam os umbrais. Nossa maior dificuldade é lidar com encarnados que, em sua maioria, querem soluções mágicas e também exigem que façamos sozinho o trabalho, pois não querem fazer esforços ou acham que, se forem vistos fazendo um despacho em uma praça ou rua (que nada mais é do que seu próprio material carregado), isso pode causar danos à sua imagem perante seus familiares ou vizinhos. Fazem escolhas absurdas e se metem em todo tipo de confusão, procuram os caminhos mais difíceis para andar, jogam-se em abismos inimagináveis atraindo obsessões terríveis, o que, mais tarde, acaba sobrando como trabalho para os Exus, que têm de se livrar deles pagando alto custo energético.

Alguns encarnados fazem tudo errado e acham que sempre foram corretos, e que a espiritualidade não lhe oferece suporte. Pensam que podemos de maneira mágica transformar suas vidas em um paraíso da noite para o dia, sem que eles necessitem fazer esforço algum, e nem mesmo suas condutas desviadas tentam endireitar para amenizar seus carmas.

Não somos santos e, se fossêmos, não estaria em nosso alcance mudar destinos traçados previamente por vocês. Se eu falo dessa maneira é porque sei bem o que é viver trabalhando em benefício dos encarnados e tendo de conviver com a deficiência moral que impera na atual humanidade. Muitos são os que nasceram comprometidos com duras provas a resgatar; são esses os que mais precisam de nós e têm a nossa cobertura, dentro do que nos é permitido ajudar. E, em muitos desses casos, são os mais ingratos, por causa das dificuldades de conduta que os acompanham há muitas encarnações. Meus irmãos queridos, mesmo que contra nossa vontade, precisamos estabelecer alguns parâmetros com nossos protegidos; ou vocês acreditam em nós, em nosso trabalho, ou as dificuldades só aumentam, somente assim é possível estarmos juntos. Não temos interesse em convencer vocês a acreditarem em nós; são vocês que mais precisam de nossa proteção, porque o planeta está vivendo um tempo de reorganização etérea que requer muito trabalho, tanto de nossa parte como na de vocês que estão na matéria física.

Como já lhes falamos, eu vos reafirmo em nome de toda a organização espiritual que trabalha para a luz: nós, os Exus de Lei, somos trabalhadores que atuamos em favor do planeta. Não temos tempo a perder com viventes maldosos que só nos procuram para pedir maldades, achando que somos seus serviçais e nos cobram resultados imediatos. Querem também informações de nossos médiuns que nós não passamos para eles nem podemos passar. Eu, Maria Mulambo, vou deixar um recado para essas pessoas:

Nossos médiuns têm acesso apenas ao que queremos ou lhes permitimos saber, pois existem hierarquias às quais nos reportamos e que obedecemos às suas ordens impreterivelmente. Esta que vos fala é Maria Mulambo, um espírito que já passou por vários estágios em encarnações na Terra e hoje adquiriu o merecimento de fazer parte de uma espetacular organização de lei e ser respeitada como chefe de falange de Pombagiras. Eu vos envio um alerta: não deixem que seu lado negro sobressaia-se ao lado racional.

Conclamo meus filhos e minhas filhas a formarem uma falange de trabalhadores do bem e, ao mesmo tempo, lutar e defender seus direitos, pois é fundamentado no direito que está materializada a falange da Pombagira Maria Mulambo.

A meus filhos, peço que esqueçam um pouco as curiosidades, pois nem mesmo sobre suas próprias vidas temos autorização para lhes passar as informações que gostariam. O que interessa ao encarnado saber por quantas encarnações eu já passei? Ou como vivi em cada uma delas? Isso não tem nenhuma significância para ninguém; o que importa é o trabalho que executamos junto ao comando planetário em favor de vocês, este é nosso compromisso com a Lei Maior. Muitos irmãos criam as mais absurdas histórias a nosso respeito, isso até que nos diverte um pouco, pois sabemos que muitas delas não passam de lendas, ingenuidade ou curiosidades de encarnado. Não vemos nenhum pecado nisso, mesmo porque há a necessidade de que os historiadores nos apresentem à humanidade; somente assim é possível que façamos nosso trabalho com alguns desses irmãos que sentem necessidade de ter seus ídolos.

Mas eu os aconselho a não tentar saber tanto a nosso respeito, ninguém gosta de ter sua vida vasculhada, nós também não gostamos. Eu não gosto de muitas histórias que inventaram a meu respeito e lhes garanto que eu e muitos dos meus irmãos que já estamos do lado de cá, não gostamos. Entendam que nossa missão não é satisfazer curiosidades de quem quer que seja, e sim trabalhar em benefício de nossos irmãos encarnados, ou não, para que suas vidas aconteçam de forma mais tranquila e harmonizada do que as nossas quando estávamos na carne. Aproveitem suas vidas de modo útil e construtivo, não percam tempo com bobagens que não os levam a lugar algum.

É normal que nos trabalhos alguns dos consulentes lhes façam propostas indecorosas, mas não se preocupem; se vocês estão trabalhando com um espírito de luz a seu lado, ele saberá como agir diante do assistido. Sei que por muito tempo, ainda, a maioria das pessoas irá nos procurar somente para que possamos fazer amarrações, costurarmos demandas malignas contra seus desafetos. Muitos preferem acreditar que somos espíritos de baixo padrão e por isso só nos pedem coisas relacionadas ao negativo. Pois saibam, meus amados, que nosso trabalho é muito mais complexo do que vocês imaginam, somos mensageiros Guardiões, somos da maior falange do Universo, somos os soldados da força maior, somos os olhos do comando planetário na Terra.

Trabalhamos para estabelecer a paz não só nesse planeta, atuamos em muitos outros. Em alguns momentos somos solicitados para intermediar os diálogos de paz em outros planetas que ainda não chegaram ao grau de evolução deste em que vocês habitam. O Universo é infinito e tem muito ainda para evoluir.

Meus irmãos amados, se vocês soubessem quantos mistérios, quantos mundos e quantas realidades pairam sobre suas e nossas cabeças, o enigma da criação é mais complexo do que imaginamos. Basta sabermos que o espírito humano não evoluiu ainda uma terça parte de sua capacidade intelectual, porém, estamos em busca de degraus melhores, mas afirmo-vos que, a partir do momento em que os encarnados começarem a se preocupar mais com sua evolução e descobrirem que para isso não precisam de religião, certamente nosso trabalho ficará mais fácil.

É necessário que cada espírito passe a cuidar exclusivamente de seu caminho; uma vez feito isso, imediatamente vai faltar tempo ocioso para cuidar da vida alheia.

Meus amados filhos, o mundo é cheio de armadilhas, e ser uma Maria Mulambo não inclui ficar calada diante de situações adversas, especialmente se o assunto diz respeito a essa organização, onde há um imenso número de espíritos comprometidos com a Lei Maior e trabalham sistematicamente para evoluir e ajudar seus protegidos a seguirem juntos nos caminhos evolutivos. Esse é o principal motivo que leva os espíritos trabalhadores a continuarem penetrando no mundo físico por meio dos médiuns, para trazer a seus filhos seguidores e simpatizantes uma palavra de conforto e ajudar a desbloquear os caminhos de nossos irmãos encarnados.

Então, irmãos, fiquem atentos às pequenas adversidades da vida, porque uma demanda não vem como um furacão, a tempestade vai se formando aos poucos. Quando menos esperamos, já estamos no meio da tormenta, e aí só nos resta apelar para quem tem habilidades no trato com esse tipo de espírito criminoso: Exus, Pombagiras, Caboclos, Pretos-Velhos e toda a falange que trabalha sob as ordens do comando planetário e zela pelo bem-estar do planeta.

3. Quem são as Mulambos

A falange Maria Mulambo é composta por belas e inteligentes mulheres que ascendem ao cargo de Pombagira visando apenas ao trabalho humanitário. Sua maioria é formada por mulheres muito ligadas à nobreza, que fazem parte de uma elite feminina que teve de lutar contra todo tipo de discriminação quando estavam encarnadas. Foram mulheres com ideais de liberdade feminina que contestaram muitos valores que lhes eram impostos pela sociedade da época em que viveram.

Aos irmãos seguidores alerto para que não vinculem o nome Mulambo à pobreza material, mas devem associá-lo ao desapego do que já está vencido e precisa ser renovado. Maria Mulambo é uma Pombagira muito conhecida no meio espiritual, não por ser extravagante; esse nome é respeitado porque pratica a caridade, sempre ajudando gratuitamente quem lhe procura para pedir trabalhos de prosperidade. Sua banda é positivista no campo da evolução espiritual de amor e prosperidade.

O nome Mulambo é sinônimo de riqueza material e caminhos abertos; ela é integrante da falange dos Exus de Lei, é um espírito que foi ascensionado a tal posto, por justo merecimento. Portanto, o espírito encarnado que souber traçar uma parceria com uma Mulambo, não conhecerá jamais a derrota. Basta que escolha o caminho do bem para trilhar junto a essa mulher que, à custa de seu trabalho e sua conduta moral elevado, mereceu fazer parte da falange sagrada dos Guardiões da

Lei, uma organização universal que zela e equilibra planetas como a Terra, prevenindo e neutralizando ataques de espíritos descomprometidos com a Lei Maior.

4. Sou Mulambo

A primeira mulher a adotar o nome Maria Mulambo nasceu no nordeste do Brasil, procedente de uma família tradicional dessa região, oriunda de um grupo influente politicamente e detentor de muitas posses, incluindo imensa extensão territorial. Quando era criança, Maria viveu sob os cuidados de muitos serviçais. Seus pais eram filhos de portugueses e, por isso, bem aceitos pela nobreza daquela época. A família exercia forte influência na política nacional e fazia parte da burguesia do Estado de Pernambuco.

O grupo de portugueses era composto por fazendeiros escravocratas; os pais de Maria tinham quantidade significativa de serviçais, o que lhes rendia uma posição social de destaque na aristocracia regional. O casal constituiu uma família de quatro filhos, sendo três homens e uma menina.

A família era oriunda da região de Trasmonte, em Portugal, onde nasceram seus avós. Entretanto, os pais da menina já eram nascidos no Brasil. Como todas as famílias tradicionalmente oligarcas e patriarcais, os pais queriam seus filhos com diplomas universitários; os meninos eles mandaram estudar na capital da maior capitania hereditária da região nordeste do Brasil, Pernambuco. Entretanto, o pai não permitiu que Maria seguisse os passos dos irmãos; naquela época filhas normalmente eram guardadas para, no futuro, serem usadas como moeda de troca em casamentos arranjados entre as famílias tradicionais. Com

Maria não foi diferente, o máximo que o pai permitiu foi que a filha fizesse aulas de música e recebesse instruções literárias dentro da própria casa, onde ela recebia visitas diárias de uma professora particular conceituada, que, por ser bem indicada entre as famílias ricas da região, essa senhora cuidou pessoalmente do desenvolvimento intelectual de Maria. Mas a menina tratada como princesa tinha aversão àquele modo de vida e repudiava, especialmente, as barbáries que via o pai praticar contra quem o contrariasse. Maria não concordava com algumas coisas que aconteciam dentro de sua casa, e justamente por ser contra aquela conduta tomou o cuidado de nunca tratar as pessoas que trabalhavam para a família como escravos, preferindo enxergar nesses irmãos um papel de colaborador. Maria gostava de conversar com as mulheres mais maduras que moravam e trabalhavam nas terras de seu pai. Era uma moça visionaria, estava à frente de seu tempo, não se orgulhava das riquezas da família; seu maior tesouro era poder fazer caridade. Na fazenda havia um lugar destinado aos trabalhadores e escravos, que era frequentado pela filha do fazendeiro, onde ela podia colocar em prática um pouco de sua benevolência.

Quando Maria chegava à vila onde moravam os trabalhadores da fazenda, não sentia mais vontade de voltar para sua casa, ficava horas ouvindo as anciãs contarem as histórias de amor que aconteciam entre os trabalhadores. Maria preferia a vida simples dos camponeses à hipocrisia existente em seu meio social. Aquela jovem de pele clara, biotipo de princesa, estava muito além do seu tempo; para ela tudo aquilo era surreal, não via nenhuma virtude nos senhores de escravos. Achava absurdo não haver respeito para com aquelas famílias. Também contestava o fato de mulheres não poderem escolher seus próprios maridos.

Ela ficava se perguntando quem realmente naquelas terras eram os escravos, os negros que haviam tido sua liberdade subtraída e viviam esse martírio, ou as mulheres brancas da aristocracia que não tinham voz própria e, em nome de regras sociais estúpidas criadas para dominar, deveriam submeter-se a rigores patriarcais machistas e hipócritas. Definitivamente não era o que aquela jovem visionária queria para ela, aquela menina moça sonhava viver um grande amor, constituir sua família diferente do que presenciava em seu meio social. Todavia, tinha prefeita noção do tempo em que estava encarnada e plena consciência de que não seria aceita pela família se escolhesse como marido um rapaz fora do padrão de seu grupo social. Maria sempre fora uma moça de muita determinação. Porém, havia um único medo escondido dentro dela: não queria casar com um escolhido por seus pais e sim por seu coração, entretanto, em seu subconsciente sabia que as coisas não aconteceriam tão facilmente. Era um espírito experiente que já havia passado por várias reencarnações difíceis e, mais uma vez, estava à frente de outro obstáculo a vencer. Maria não escondia sua insatisfação com a cultura presente de sua época.

 O tempo daquela jovem pode ser dividido em duas etapas: em um primeiro momento percebemos se tratar de uma menina de espírito evoluído, dedicada às causas dos escravos. Mas, posteriormente, ela se torna uma mulher apaixonada pela causa humanitária e defensora voraz da liberdade feminina e contrária aos costumes da sociedade machista escravocrata e patriarcal.

 Maria se tornara adulta e uma mulher muito bonita, encantando a todos que a conhecessem. Com seus traços nobres, sempre fora tratada como verdadeira princesa, mas a bajulação nunca lhe agradou, preferia um tratamento mais formal. Os pais lhe apresentavam aos integrantes da alta sociedade como se fosse uma joia única, e era. Sem que eles soubessem, haviam conduzido ao mundo físico um espírito de elevada conduta, que mudaria o rumo e implantaria novos conceitos em uma sociedade injusta, atrasada e arcaica.

 A princesa já havia se tornado moça e nem pensava em se casar, apesar de escutar as insinuações de sua mãe, que havia casado com 14 anos e gostaria de ver sua filha entrar na igreja ainda mocinha, Maria fingia não ouvir as conversas de sua genitora. No entanto, a jovem teve uma desagradável surpresa durante uma reunião de aristocratas da região, quando sua mãe insinuou que sua menina havia crescido e já estava pronta para assumir um possível compromisso matrimonial. Mas essa não foi a única investida dos pais de Maria para arrumar um marido para a filha.

5. A Recusa de Viver Infeliz

Em uma das festas promovidas por seu pai para comemorar a formatura de um dos filhos, ele convidou um coronel senhor de engenho do extremo sul da capitania de Pernambuco. Esse senhor veio acompanhado da esposa e do filho, herdeiro e futuro indicado para assumir o comando político da região dos engenhos.

Nesse evento, o coronel do sul ficou encantado com a inteligência, charme, educação e desenvoltura de Maria e não perdia nenhuma oportunidade de se derreter em elogios para com ela. Coincidentemente, o pai da moça teve boa impressão do rapaz, filho do coronel do sul, em particular confidenciou à esposa que o jovem parecia bom moço, com qualidades para casar com sua filha. Porém, o que ele levava em conta era o *status* político do que seria seu futuro genro, imaginando que isso elevaria seu nome ao topo da sociedade nordestina e lhe dava notoriedade política. Embalado por uma imensa dose de interesse, decidiu que estava na hora de arrumar um marido para sua menina.

Ficou insinuando e torcendo que seu colega do sul pedisse a mão de sua filha em casamento para seu herdeiro. Não tomaria tal atitude porque não ficava bem oferecer uma filha como se ela fosse uma mercadoria barata (apesar de considerá-la como tal), essa determinação teria de partir do lado do pai do rapaz. Sabia que era uma questão de tempo, mesmo porque os fazendeiros do sul deixavam transparecer que estavam encantados com a beleza e o dinamismo da moça. Logo no início da noite, veio o pedido do pai do rapaz em público.

A festa, que comemorava a formatura de um dos irmãos de Maria, logo se transformou em uma comemoração pelo seu noivado. A moça, extremamente desapontada, sem entender muito qual era a intenção do pai, tentava se desvencilhar da ideia de casamento. Logo após o pedido do coronel sulista, Maria foi retirada da sala e levada para seus aposentos para que fosse vestida elegantemente de acordo com a ocasião. Ela foi praticamente arrancada do salão de festas sem nem mesmo ter tempo para pensar, somente quando chegou a seu quarto ficou sabendo que realmente acabara de ficar noiva.

Aos 15 anos foi pedida em casamento pelo senhor de engenho mais rico e influente político do sul de Pernambuco, o senhor de terras queria que ela se casasse com seu herdeiro de aproximadamente 30 anos. Feito o pedido, toda a família entrou em festa, exceto Maria, que não tinha nenhum interesse naquele moço; casar estava fora de seus planos no momento. Ela estava inconformada com o fato de o pai do rapaz em pedir uma moça em casamento para o filho, atitude que, em seu entendimento, deveria partir do rapaz. Maria mostrava-se indignada, pois não acreditava em casamento sem amor apenas para que as famílias se unissem e as fortunas aumentassem.

Depois que estava pronta para adentrar o salão de festas, ela mandou chamar seu pai e lhe colocou a par da oposição que faria àquele casamento.

Entretanto, o fazendeiro completamente indignado nem quis saber ou ouvir seus argumentos e mandou que as criadas a levassem imediatamente para o centro do salão e colocassem-na à disposição do noivo. Maria não ofereceu resistência nem precisou das criadas, saindo espontaneamente em direção ao salão de festas e foi ao encontro do rapaz. Enquanto dançavam, ela expôs seu repúdio a um casamento movido a interesse financeiro sem que existisse amor, ela pediu que o moço escolhesse outra jovem que o amasse para se casar. Não era justo

5. A Recusa de Viver Infeliz

que ele vivesse infeliz ao lado de uma mulher que não o amava, somente porque seu pai assim desejava.

O jovem não se manifestou a respeito do assunto, pois tinha personalidade míngua para contrariar seu pai. Com medo de que alguém ouvisse a proposta de Maria, pediu-lhe que adiassem a conversa para um momento mais oportuno, entretanto, lhe garantiu se esforçar para ser bom marido e lhe fazer uma esposa feliz. Maria não conseguiu convencer o rapaz de que uma amizade entre eles era mais plausível que um possível casamento.

No fim da festa, enquanto os convidados comemoraram a formatura do irmão e, consequentemente, seu noivado, ela tentava dissuadir o herdeiro do coronel do sul a desistir daquele casamento forçado, o que ela considerava uma aberração, mesmo porque sempre defendera o livre-arbítrio da pessoa para escolher seu par.

Júlio era um homem mimado, não tinha personalidade suficiente para escolher seu caminho; fora condicionado desde cedo a obedecer aos comandos de seu pai e nem cogitava lhe contrariar as decisões.

Com o fim das festanças, os fazendeiros voltaram para o sul, mas deixaram acordado que Júlio voltaria a visitar sua noiva assim que tivesse disponibilidade de tempo. Não foram poucas as vezes que o rapaz frequentou a casa de Maria, que não se aproximava dele além do suficiente para uma conversa amigável, mas ele não desistia do casamento arrumado, mesmo sabendo que ela não o queria como marido. Com isso, meses se passavam, e Maria não tinha mais aquela alegria, todas as vezes que o rapaz lhe visitava ela adoecia e nunca dava tempo para conversarem sobre o assunto.

Enquanto o tempo passava, sem que eles resolvessem pôr fim ao tal casamento, ela acabou se apaixonando por um dos trabalhadores da fazenda, o que fazia questão em manter sigilo, porque, se alguém desconfiasse que ela estava interessada em alguém que não fosse de sua linhagem oligarca, seu pai o mandava assassinar. Maria sabia da periculosidade de seu pai e do coronel do sul, que estava andando a passos largos para fazer com que o casamento acontecesse o mais breve possível.

O senhor de engenho do sul precisava fazer de filho seu sucessor político, já estava ficando cansado e se achando velho para desenvolver essa tarefa, mas não podia passá-la para o filho enquanto ele estivesse solteiro. A capitania precisava de uma primeira-dama, por isso se fazia necessário que ele casasse o quanto antes.

Maria precisava agir rápida contra a escolha de seu pai, pois estava na iminência de um casamento arranjado em que jamais existiu ou existiria amor. A jovem permanecia firme na recusa do matrimônio, entretanto, mantinha-se em silêncio porque corria sério risco de ser aprisionada pelo pai caso recusasse sua escolha. Conhecendo a índole do coronel, ela sabia que certamente ele a puniria sob a acusação de insanidade e lhe internaria em um hospício, mais antes disso seria tratada pela Igreja Católica como herege.

Nessa época, todas as filhas que desobedeciam as determinações dos pais eram vistas como rebeldes e, consequentemente, sofriam sérias represálias da família e da sociedade. Uma das mais temidas pelas jovens era ser excomungada pela Igreja e condenada a ir para o inferno quando morresse. Por essa razão, a moça encontrava-se diante de uma situação delicada, porém, essas intempéries não lhe impediam de continuar se dedicando às causas humanitárias daquela comunidade pouco favorecida.

Enquanto estava envolvida em desenvolver seu trabalho, a bela jovem permanecia alheia ao perigo que era se casar por interesse familiar; ela não gostava de sofrer por antecipação, então procurava esquecer os problemas pessoais e continuava praticando aquilo que mais lhe causava prazer: trabalhar com os irmãos.

Sempre que lhe sobrava tempo livre, ela o ocupava indo ao povoado pobre para levar ajuda material e conforto espiritual aos doentes e necessitados daquela comunidade. Maria se questionava por que não conseguia ficar muito tempo sem visitar aquele povo. Certo dia, acabou entendendo; foi em uma dessas visitas que ela conheceu um jovem, que mais tarde veio saber que ele era filho de uma escrava que havia sido vítima de estupro, por esse motivo ele não sabia quem era seu pai.

O rapaz era mais velho, ela acabara de completar 16 anos. Depois daquele dia os jovens voltaram a se encontrar algumas vezes e, em pouco tempo, eles estavam loucamente apaixonados, mas ambos tinham consciência de que não havia nenhuma probabilidade de esse amor prosperar. Sabiam que a primeira coisa que o pai dela faria era mandar assassinar o moço ou qualquer outro pretendente que ousasse se aproximar da filha que não fosse o rico fazendeiro do sul de Pernambuco. Porém, mesmo naquela condição desfavorável, o jovem casal estava tomado por uma paixão incontrolável.

E, ensandecidos pelo desejo mútuo de reviver uma história de amor interrompida na encarnação anterior, os jovens começaram arquitetar um plano para fugir da fazenda e se casar, não haveria mais como resistir ao fogo sagrado daquele amor represado há séculos.

Mesmo conscientes de que viveriam aquela história por pouco tempo, resolveram que aquele era o momento. Os jovens sabiam que certamente seriam descobertos e, consequentemente, mortos, pois a influência política que o pai e o pretendente de Maria exerciam na região era muito grande e, assim, não haveria lugar no Nordeste onde pudessem se esconder sem que eles os achassem. Mesmo diante do real perigo, ela não estava disposta a aceitar os caprichos de seu pai e resolveu que o rumo de sua vida pertencia exclusivamente a ela.

Viveria seu amor, ainda que corresse risco de ser morta pelos jagunços de seu pai ou do homem ao qual fora prometida. Maria e seu amor pardo começaram a arquitetar uma fuga para outra capitania. A jovem então passou a executar seu plano para ficar com seu amado em outra terra longe da família; todas as vezes que visitava o vilarejo levava uma quantia de dinheiro e entregava ao moço para que guardasse em lugar seguro, pois certamente usariam na fuga. Os meses e dias se passavam e, todas as vezes que ela ia à vila, levava uma quantia para aumentar a reserva de dinheiro.

Em uma das visitas à vila ela o orientou a sair da capitania e atravessar o rio São Francisco; quando conseguisse chegar à outra margem, deveria procurar um lugar onde pudesse comprar uma casa e ficar em segurança, para somente depois ela o acompanhar. No entanto, ele deveria esconder que portava dinheiro e também haveria de usar um nome diferente. Entretanto, fazia-se necessário falar com as pessoas sobre o fato de ser casado e, tão logo pudesse, traria sua esposa para junto dele, isso impossibilitaria que futuramente os moradores da vila ligassem o casal aos fugitivos de Pernambuco.

O rapaz que havia se tornado o amor de Maria começou construir um barco que suportasse transportá-los de uma margem à outra do rio são Francisco. Não falava absolutamente nada na aldeia sobre a construção daquela jangada, nem mesmo Maria sabia da existência da embarcação. Foram muitos dias de trabalho e Jeremias concluiu a construção do barco. Silenciosamente, em uma noite enluarada, colocou-se à mercê das águas do rio em busca de abrigo seguro para viver com sua amada; em pouco tempo, como se fora conduzido por uma força propulsora, o rapaz atingiu a outra margem do velho Chico, dando início à nova etapa de sua vida. O casal havia combinado que cabia ao moço organizar um lugar seguro para que eles pudessem permanecer anônimos após a fuga.

6. Jeremias Foge da Fazenda

Quando Maria chegou à vila na semana seguinte, Jeremias já havia viajado em busca de novos horizontes onde pudesse viver o grande amor proibido. Ninguém na família sabia por que tinha resolvido procurar outras terras; ele não era escravo, podia trabalhar no engenho que quisesse. Apenas Maria sabia o real motivo que havia levado seu amado para outras terras. Ela voltou para sua casa e tentou argumentar com o pai sobre seu casamento com Prudêncio, o filho do senhor de engenho do sul de Pernambuco. Achou que pudesse reverter a decisão do coronel e, dessa forma, evitaria maiores problemas e constrangimentos para a família, mas ele não quis saber da opinião da filha; aos berros, dizia-lhe que suas ordens não eram discutíveis e sim obedecidas.

Se ela insistisse em lhe contrariar, teria de aplicar-lhe um corretivo; a mãe intercedeu argumentando que não era de bom tom uma moça noiva apanhar do pai às vésperas do casamento. Quando a mãe de Maria entrou na sala, o coronel então se levantou, bateu a porta e se retirou esbravejando; virou-se para a filha e lhe disse que a proibia de tocar no assunto, a não ser para marcar a data do casamento.

Após o lamentável episódio, Maria ficou observando seu pai se distanciando pelo longo corredor da casa, sentiu um aperto grande no coração, pois sabia que em pouco tempo estaria longe dele e nunca mais o veria. Algum tempo depois da tentativa de conversa, ela pediu licença para sua mãe e saiu com uma criada para visitar o vilarejo, como fazia costumeiramente.

    No caminho que a levava à vila, ela foi abordada por um mensageiro de Jeremias, dizendo-lhe que ele estava esperando-a na margem do rio. Maria encarregou o mensageiro de voltar com sua criada e deixá-la na fazenda em segurança e se encaminhou para a margem do rio o mais rápido que conseguia andar. Naquele lado do rio estavam lhe esperando seu amado e uma bela embarcação de médio porte que ele havia comprado para fazer a travessia das águas de cor esmeralda do rio. Quando Maria chegou à margem, rapidamente eles entraram no barco e se deixaram conduzir para a outra margem que os aguardava, calma e suavemente. Enquanto atravessavam o longo percurso de água, foram abençoados novamente pelas forças dos elementares santificados pelas bravas águas do velho Chico.

7. Maria em Busca da Felicidade

Maria atravessou o rio com seu amor, levando apenas a roupa que estava vestida, deixando para trás uma vida de princesa em que vivia cercada de ouro e joias preciosas importadas da Europa. Mas nada do que lhe era oferecido supria o amor que sentia por Jeremias, um mulato filho de escravos e fruto de sexo forçado, mas que carregava em seu histórico espiritual um sentimento represado há muitos séculos, que insistia na travessia do tempo e haveria necessidade de que fosse sanado para que os seres envolvidos se libertassem do carma.

Entretanto, desafiando as imposições patriarcais, contrariando os costumes de sua época e classe social, aquela moça determinada, de personalidade forte e brilhante, saiu em busca do amor que outrora lhe fora arrancado brutalmente pelos espíritos que agora ocupavam corpos físicos e se encontravam na posição de pai e mãe. Esses seres novamente tentavam afastar aqueles espíritos que carregavam em seus caminhos a força motora do amor entre almas.

O clima na fazenda do coronel era muito tenso depois que Maria saiu para uma visita aos doentes da aldeia e nunca mais retornou para a casa. Seu paradeiro era desconhecido, inclusive na aldeia onde nasceu Jeremias, para onde o fazendeiro mandou seus capangas para investigarem os moradores, esses se divertiam torturando velhos e crianças para que os adultos dessem notícias de onde poderia andar a filha do coronel. Todavia, essa prática não surtiu o resultado desejado, ninguém realmente sabia do paradeiro da moça.

    Então, envenenado pelo ódio, o pai mandou que uma horda de capangas lhe procurasse por toda a capitania, inclusive na cidade capital de Pernambuco, onde moravam alguns de seus parentes. Depois de muito tempo, acometido por uma doença misteriosa, o coronel perdeu o interesse em encontrar a filha. Os capangas nunca a encontrariam, pois estava caçando-a do lado oposto ao qual ela se encontrava, a comitiva de jagunços desistiu da caçada e retornou de mãos vazias para receber, como recompensa, o desprezo do coronel.

    Maria estava morando em outra capitania, onde nos dias atuais está localizado o Estado de Sergipe e procurava ser a mais discreta possível. Não se vestia com luxo e riqueza como no tempo em que morava na casa do pai onde era obrigado que ela usasse aquelas vestes, a jovem mulher fazia questão de vestir roupas humildes confeccionadas na vila onde morava. A jovem burguesa estava vivendo extremamente feliz longe do poder do pai e ao lado de seu amado.

    O casal ficou sabendo que Maria estava sendo caçada por seu ex-noivo, que havia colocado bom preço em sua captura. Ela tinha consciência do risco que corria, mas não se descuidava da segurança. Com o tempo passando, o casal começava colher os frutos que haviam plantado e já não necessitavam mais de comprar mantimentos.

    Com o dinheiro que Maria tinha entregado a Jeremias, ele comprou uma pequena fazenda do outro lado do rio onde empregava alguns moradores da região, a qual Maria, quando chegou, deu o nome de "Terra nova esperança". Alguns meses se passaram e a jovem nem pensava em procurar os parentes em Pernambuco, mas ficava sabendo de notícias por meio de um parente de Jeremias que esporadicamente os visitava e lhes deixava informados sobre as cobranças sistemáticas da família do sul sobre seu pai, pois Maria estava sido prometida em casamento, porém, a moça havia desaparecido e ninguém tinha notícias de seu paradeiro.

O desaparecimento da moça balançou a aliança entre as famílias oligarcas em Pernambuco, mas o senhor de engenho do sul tinha uma filha que estava em idade de se casar e, como o interesse das famílias nunca foi a felicidade de Maria, casaram um de seus irmãos com a irmã de Prudêncio e as fortunas se juntaram sem grandes contratempos. Mas as coisas na cabeça de Prudêncio não estavam ainda bem resolvidas, ele queria de qualquer maneira se vingar da traição de Maria, mas ninguém sabia do paradeiro dela e até falavam pela cidade que ela havia morrido afogada no rio são Francisco.

Corriam as mais variadas notícias do paradeiro da filha do coronel, alguns dos moradores ribeirinhos contavam ter visto o espírito dela andando pelas margens do rio, cantarolando e penteando o longo cabelo. Um grupo de pescadores conta que estava trabalhando em uma noite de lua cheia no rio e não havia pegado nenhum peixe; cansados de esperar e sem conseguir pescar nada, estavam se preparando para recolher as redes quando perceberam uma linda jovem andando sobre as águas e, de repente, ela se pôs a girar em volta do barco produzindo uma tempestade de vento. Eles contam que nunca viram tanto peixe em suas redes de uma só vez; foi preciso mais de um barco para dar conta de transportar tanto pescado.

Outros moradores ribeirinhos contam que um rapaz estava noivo de uma moça na aldeia e a iludiu prometendo casamento, aproveitou de sua ingenuidade e, pouco tempo depois, desistiu do casamento e, em uma noite de lua cheia, tentou fugir para outra capitania, atravessando por um dos pontos mais estreitos do rio. Ao conseguir atravessar de uma margem para a outra, quando chegou ao lado oposto da aldeia, encontrou uma linda mulher de cabelo longo, que lhe mandou que voltasse para casar com a jovem que havia desonrado, explicou-lhe que ela não merecia ser jogada na rua pela família para sobreviver de prostituição.

Contam que ele pulou na água de volta para a margem de onde tentava fugir apavorado, mas não pensava em corrigir o erro que cometera com a jovem da aldeia. Quando chegou do outro lado do rio, a mesma mulher o esperava; o moço, tomado pelo medo, nem tentou sair da água, voltou nadando novamente, então entrou em pânico achando que estava vendo assombração e, quando chegava em uma margem, encontrava Maria e pulava na água de volta.

Depois de atravessar o rio algumas vezes e sempre encontrando aquela mulher na outra margem, em uma das tentativas, ao chegar ao meio do rio, a mulher o acompanhou andando sobre as águas. O moço tentou escapar dela mergulhando para as profundezas e foi se esconder em um banco de areia cheio e pedregulhos nas profundezas do velho Chico.

Cada morador ribeirinho da região de Alagoas tem uma história daquela espetacular mulher para contar. Ela foi a primeira Pombagira a usar o nome Mulambo. Ele foi criado por seu pai, que lhe deu essa denominação pejorativa após seu desaparecimento, chamando-a "Mulambo de gente".

8. A Vingança de Prudêncio

Mesmo depois de passado muito tempo do sumiço de Maria, seu antigo pretendente Prudêncio não se esquecia dela e, já com suas faculdades mentais abaladas, juntou um bando de jagunços e iniciou uma caçada à mulher que ele chamava de sua. Mas, nesse ínterim, as coisas haviam mudado bastante no sul da capitania. Depois que o senhor de engenho passou todo seu poder político para o filho, perdeu completamente o controle sobre seus atos.

O rapaz virou o maior líder político da região, tornando-se um coronel da pior espécie, assassino: frio e sanguinário, era temido por seus auxiliares e não tinha praticamente adversários na região, era um líder implacável. Prudêncio nunca conseguiu superar o fato de ter sido rejeitado por Maria; resolveu então dar volume à caçada e se vingar do que chamava de traição imperdoável. Ele nunca se conformou com a perda daquela linda mulher, o moço era completamente obcecado por Maria. Em todas as conversas de Juvêncio, ele fazia questão de falar que somente ela havia mexido com seu coração, já havia arrumado algumas namoradas depois do sumiço dela, mas não se conformava com o fato de tê-la perdido.

Não desistiu de lhe encontrar e, para isso, estava disposto a fazer qualquer coisa que estivesse ao alcance; ia gastar sua fortuna se preciso fosse, era uma questão de honra achar a mulher que, segundo ele, seria sua esposa a qualquer custo. Prudêncio, depois que tomou o poder do pai, virou um coronel arruaceiro, só andava alcoolizado e se metia em todo tipo de confusão, mas detinha um poder financeiro muito grande, tinha muitos escravos e a forte influência política herdada do pai.

Ele foi tomado por uma gigantesca onda de ódio quando ficou sabendo por meio de espiões, que conseguiram atravessar o rio e fizeram o caminho de volta trazendo a notícia de que Maria estava morando na capitania vizinha e casada com um mulato. Prudêncio nunca aceitou o não casamento com Maria. Mesmo com ela lhe falando que não queria casar com ele e deixando-o a par da recusa em relação à decisão de seu pai, ele se sentiu traído e jurou que se vingaria dela tirando-lhe a vida.

Depois que soube do paradeiro de Maria, Prudêncio juntou uma horda de pistoleiros e ofereceu uma quantia volumosa em dinheiro e gratificação em ouro para quem lhe trouxesse Maria, mas queria encontrá-la viva. Em seu delírio, ele imaginava possuí-la mesmo contra sua vontade. Prudêncio queria encontrar Maria e exibi-la como se fora um troféu; por isso a orientação que dera aos capangas, antes que saíssem para buscar a moça, foi de que se algum deles tocasse em um único fio de cabelo dela, iria servir de comida para os peixes do São Francisco.

Também orientou a cabroeira que, se a encontrassem em companhia de alguém, deveriam matar todos, inclusive crianças; bastava a ele que ela ficasse viva. O rico fazendeiro do mais novo Estado brasileiro, Alagoas, havia mandado construir enormes jangadas para que atravessassem o rio os pistoleiros juntamente com seus cavalos. Marcaram o dia e, na hora acertada, lá estava um grupo de dez homens bem armados, com um objetivo em comum: acharem o esconderijo de Maria Antônia, trazê-la de volta para Pernambuco e lhe devolver ao homem que se achava seu dono, direito concedido pelo pai que a havia lhe prometido em casamento.

Durante meses os capangas de Prudêncio permaneceram vasculhando as margens do rio São Francisco em busca de Maria.

8. A Vingança de Prudêncio

Enquanto eles caçavam houve uma revolução política e Pernambuco foi reduzida, acabou perdendo o *status* de maior capitania hereditária. O Império, para punir os pernambucanos, tomou-lhes um pedaço e aumentou a extensão territorial das Alagoas anexando-a à cidade de Penedo, situada às margens do rio São Francisco. Com os acontecimentos políticos que abalaram a região, Prudêncio perdeu poder político e alguns membros da família foram presos, suas terras foram confiscadas e quem assumiu o comando das propriedades da família dele foi um irmão de Maria, que havia casado com a irmã do arruaceiro.

Maria estava desaparecida havia anos e sua família tinha certeza de que estava morta, até que recebeu a notícia de que ela poderia estar morando do outro lado do rio.

Entretanto, ninguém presenciou o embarque dela junto a Jeremias. São contadas muitas histórias a respeito desse acontecimento; dizem que o barco entrou na água, mas ninguém o viu sair na outra margem. Contam que os casais de Penedo, cidade onde a Pombagira nasceu, sempre que se aproximam do rio para namorar em noites de lua cheia, encontram um casal passeando alegremente sobre as águas. Ninguém sabe precisar o paradeiro daquela moça; outras pessoas contam que ela fez uma parceria com Carranca e outros elementares do rio e virou uma encantada.

São contadas muitas histórias interessantes a respeito de Maria Mulambo. O que sabemos é que existe uma linda mulher misteriosa trabalhando e zelando pelas pessoas necessitadas de ajuda, que habita o astral desse imenso país chamado Brasil. Maria Antônia, rica fazendeira detentora de imenso legado, e Jeremias José, filho de escrava e fruto de um estupro, precisavam viver esse lindo amor, mas ao serem capturados pelos pistoleiros de Prudêncio, sumiram misteriosamente de Sergipe e nunca mais foram vistos, exceto pelos casais apaixonados das margens do velho Chico.

9. O Legado de Mulambo

Sabemos que Maria Mulambo é uma Pombagira que goza de extremo respeito no mundo espiritual. Ela e sua parceira, a também espetacular Pombagira Maria Padilha, compõem a falange de espíritos ascencionados e respondem a um comando planetário, hierarquia que comanda a vida em vários planetas no Universo e é responsável por todas nossas encarnações nos planetas que passamos, este é o comando conhecido como iluminados, ou Mestres da Luz, que não são necessariamente espíritos humanos. Também sabemos que ela trabalha na defesa da pessoa; podemos afirmar que Maria Mulambo não faz distinção de sexo, trabalha tanto com homem quanto com as mulheres; o que ela leva em consideração é a postura e o caráter do médium, esse sim terá de ter uma conduta acima de seu ego.

Para Mulambo, pouco importa se irradia um corpo masculino ou feminino. Ela está em terra para trabalhar, se seu filho ou filha extrapolar os limites do suportável, ela simplesmente o deixa entregue à sua sorte e procura outro médium que queira trabalhar de maneira séria. Mulambo não chegou nesse ponto evolutivo bebendo ou fumando, simplesmente; esse é um espírito milenar que fez a opção de encarnar no Brasil em uma época na qual o machismo imperava brutalmente para reparar erros cometidos em tempos remotos. Em uma de suas encarnações no corpo masculino, esse espírito abusou do poder que detinha na época; um de seus crimes foi abusar sexualmente de mulheres da tribo e as jogar aos animais selvagens da floresta no norte da Europa.

Esses crimes passavam despercebidos pelos moradores da tribo, mas não pela justiça universal. O espírito assassino perambulou pelo tempo em várias encarnações, andou pelo Império Romano duas vezes, presenciou o início do Cristianismo, combateu como gladiador romano, mas quando desencarnava, retomava o formato de corpo feminino, à forma que mais gosta. Mas o espírito irrequieto que se envolvia em crimes de toda natureza não viveu somente no delito, esse mesmo ser também desfilou pela civilização europeia e trabalhou duro para se redimir da vida criminosa.

O espírito de Maria ocupou tronos e reinou mansamente, sendo amado e venerado pelos habitantes dos principados que comandou. Mas ainda havia muito a fazer e reparar. Nessa época, tal espírito já não estava mais se envolvendo em crimes contra seus semelhantes e precisava rever erros cometidos, mas o espírito devedor queria fazer mais pelos seus irmãos. Além de reparar seu crime, queria trabalhar para o desenvolvimento do espírito credor; a maneira mais justa que achou foi encarnar em um corpo feminino e trabalhar como Guardiã, embaixadora do amor e do bem-estar das mulheres, função que desempenha com extrema dedicação, o que lhe outorga o título de Exu mulher, rainha de adversidade.

Em sua última encarnação, no nordeste do Brasil, esteve como uma nobre que abdicou do luxo para se dedicar a causas nobres como proteção às prostitutas, auxiliando os necessitados sem levar em consideração o sexo do filho. Mulambo é venerada em todos os setores da sociedade, tem uma legião de seguidores homossexuais os quais ela faz questão de proteger e guiar pelos caminhos mais nobres e prósperos de sua encruzilhada. Enquanto a sociedade brasileira despreza e abomina essa classe, ela acolhe e zela por seu bem-estar. No plano astral fez uma excelente parceria com outra nobre da falange dos Exus, que já trabalhava na orientação e defesa das mulheres do Brasil,

Maria Padilha. Muitos religiosos fazem questão de apontá-las como espíritos genuinamente inimigos, que competem por poder dentro dos centros espirituais, o que causa grande transtorno nos grupos, sendo que alguns médiuns acabam absolvendo tal engano e comprometendo os trabalhos.

Entretanto, diferentemente do que falam os encarnados, elas são amigas e parceiras nos trabalhos de proteção e orientação de filhos, filhas e consulentes, sem levar em consideração o *status* social do indivíduo. São elas as mulheres que fazem parte da falange dos Exus, participam diretamente do concílio que acontece a cada sete anos para que sejam coroados novos Guardiões de Lei. São elas que treinam, escolhem e indicam as futuras Pombagiras.

Por isso não devemos querer comparar essas mulheres comandantes de falanges, com uma imensa responsabilidade no etéreo, com demônios ou espíritos demoníacos, como fazem uma imensa maioria de médiuns encarnados que transportam seus rancores e maldades para as entidades que incorporam. Não devemos esquecer de que Exu é rigoroso com seus protegidos porque não tem tempo a perder com quem não quer evoluir, porém, é dinâmico e está sempre bem próximo dos filhos, estudam as artimanhas dos viventes para não caírem nas armadilhas, pois já passaram há muito tempo por esse estágio que estamos vivendo, não são manipulados por encarnados maldosos.

10. Considerações do Autor

Desde o início e durante todo o período de preparação para a execução e realização desta obra literária, aconteceram muitos encontros entre mim e essa excepcional Guardiã. Durante os diálogos e consultas com ela lhe fiz muitas perguntas e algumas delas eram, no mínimo ousadas. Nossos encontros tornaram-se frequentes nos dias que antecederam o início dos trabalhos mediúnicos, onde eu recebia as intuições de maneira confiável.

Durante um trabalho espiritual, no centro, tive a oportunidade de presenciar a incorporação de minha mãe Maria Mulambo em uma médium que eu não conhecia e me senti extremamente lisonjeado com tamanha dedicação e gentileza dessa mulher maravilhosa, que me recebeu em seus braços fraternos. Maria Mulambo é digna de ser chamada de mãe. Enquanto conversávamos em particular, ela ditou as regras que eu deveria seguir para que esta obra se realizasse. Minha mãe me colocou à vontade para lhe perguntar o que fosse necessário para a realização do livro, porém, a curiosidade me levava a fazer algumas perguntas fora do contexto e aí um puxão de orelha me conduzia de volta ao que realmente interessava naquele momento. Questionei nossa rainha da seguinte forma: quando um filho se rebela e inconsequentemente lhe desafia a autoridade, qual é a punição aplicada? "Eu f... com a vida dele", desconversou em seguida, antes que eu saísse correndo. Posteriormente, com a nobreza que a cerca e o conhecimento de quem já habitou castelos e reinos do mundo físico e adquiriu toda sutileza e diplomacia requerida a um lorde, ela esboçou generosa gargalhada, que me causou agradável arrepio.

Não tenho autoridade para punir nenhum de meus filhos, não sou justiceira nem vingativa, já passei desse ponto. Meus filhos nunca se rebelam, mesmo porque sentem minha presença ao lado deles quando necessitam de apoio; logo, não têm do que reclamar. Mesmo quando me afasto deles, para que se reequilibrem, os mantenho sob minha proteção, jamais permitiria que espíritos maldosos se aproximassem de um protegido meu, ou de qualquer outro encarnado que me peça apoio. Entretanto, se o vivente abaixa seu padrão vibratório e atrai esses seres para seu campo vibracional, nada poderei fazer contra eles, mesmo porque esses espíritos só chegam onde são convidados.

Para o encarnado, é praticamente impossível perceber que baixou o padrão, normalmente associa seu desequilíbrio às tarefas do cotidiano. Entretanto, nós, espíritos Guardiões, estamos sempre os alertando; vemos os acontecimentos de maneira mais clara, estamos à frente dos feiticeiros, dos zombeteiros e de espíritos descomprometidos com a Lei.

Nenhuma denominação religiosa nos detém ou tem poder sobre nós; o grupamento não quer dizer a religião que utilizamos para trabalhar com os encarnados em sua própria defesa. Essa lei engloba conceitos que nem a nós, espíritos mentores, é permitido saber. Para tanto, quero chamar a atenção dos encarnados para os perigos que os rondam diariamente. Eu vos afirmo que, não fosse pelo trabalho intenso que nós, os Guardiões, desenvolvemos na defesa do planeta, certamente as coisas seriam muito complicadas na dimensão física. Por isso, deixo um alerta: vigiem seus atos e pensamentos, existem forças terríveis rondando os espíritos promissores que estão encarnados em missão nobre. Não se preocupem tanto em saber se seu Exu ou Pombagira está bem e quer determinada bebida ou roupa, porque quem tem de estar bem para trabalhar é você. Eu estou sempre ótima e seu Exu também; nós temos nosso mundo e vocês não devem tentar entender nossa dimensão, mesmo porque cada espírito tem sua limitação, também temos as nossas.

Dos encontros, conversas e irradiações que mantive com essa Guardiã, surgiu este livro, uma extraordinária narrativa em que ela nos fala sobre sua trajetória entre a luz e escuridão, relata acontecimentos tenebrosos envolvendo feiticeiros negros, chama a atenção para a baixa conduta de encarnados e a maldade dos espíritos sombrios que dominam o baixo etéreo.

Mulambo teve o nítido propósito de nos mostrar como devemos ter cuidados com nossos atos e vigiar os pensamentos; ela nos mostra que não existe lugar seguro contra as forças sombrias do baixo astral. Essa mulher é um espírito de extrema inteligência, que abraçou sua missão humanitária e não escolhe lugar para trabalhar, é um espírito que tomou a forma feminina, é mestra ascencionada que transita com maestria entre os senhores da Lei, seja ele da sombra ou da luz. Maria Mulambo é uma Guardiã de alto nível intelectual, que humildemente aceitou meu pedido e nos presenteia com esta obra literária maravilhosa. Gratidão, minha mãe.

PARA PRESERVAR A IDENTIDADE DAS FAMÍLIAS ENVOLVIDAS NESSA TRAMA, NÃO SERÁ REVELADO O NOME OU SOBRENOME ATUAL DE NENHUM DOS ENCARNADOS.

CAPÍTULOS

1º. OBSESSORES DEMANDAM NO CENTRO

Naquele dia, quando começaram chegar os filhos de santo no terreiro para organizar e preparar o ambiente para os trabalhos da noite, tudo parecia estar dentro da normalidade, porém, enquanto o grupo de médiuns trabalhava na limpeza física e astral do ambiente, preparando-o energeticamente com defumação, havia horas que um espírito sombrio estava sentado na sala de assistência esperando o começo dos trabalhos.

Ele saiu um pouco durante a defumação, mas tão logo a fumaça abaixou, retornou calmamente e sentou-se na fila de carteiras da frente como se nada houvesse acontecido. Mesmo depois de defumado o ambiente estava diferente. Alguns dos médiuns mais sensíveis, quando entraram em contato com aquela energia negativa, começaram a sentir mal-estar; o ambiente estava com uma atmosfera densa, era notória a desarmonia da equipe de encarnados, alguns aproveitavam para resolver as diferenças e algumas discussões aconteceram gratuitamente.

No grupo de médiuns da casa havia uma moça que carregava Maria Mulambo como sua Pombagira de frente, porém, ainda não havia chegado a médium, que era uma menina extrovertida e ganhou o apelido de Mulambinha, porque quando começou a trabalhar na organização, brincava com seus colegas dizendo que estava sempre virada nessa Pombagira. Enquanto ela não chegava, Mulambo permanecia na sala sem ser notada pelos espíritos de baixa frequência e assistia à chegada de vários outros espíritos sombrios atraídos pela energia negativa daquele que havia se instalado primeiro na sala de assistência espiritual do centro de Umbanda.

Não demorou muito tempo e a médium chegou para auxiliar os colegas na preparação do centro. Quando ela entrou na sala, percebeu aquele clima tenso entre os irmãos de fé, começou a ficar preocupada com a limpeza da casa e pegou um incenso para queimar. Quando ela acendeu o defumador, o espírito invasor simplesmente se levantou da sala e novamente ficou do lado de fora, juntamente aos outros que havia atraído e permaneceu lá até a fumaça se dissipar.

Então, depois que a equipe de médiuns foi defumada e a sala aberta ao público, o espírito, juntamente com o grupo de sombrios, entrou no centro dos trabalhos e se sentiu muito à vontade na gira, mesmo porque, conforme o tempo passava, começavam e chegar pessoas para o atendimento e traziam consigo seus companheiros obsessores, que imediatamente eram alegremente recepcionados por ele e conduzidos para o centro, onde acontecia o trabalho de atendimento, como se a casa lhe pertencesse.

A falta de seguranças astrais fornecia um ambiente perfeito para os espíritos sombrios. O primeiro invasor então se aproximava de um obsessor, conversava com outro, parecia estar montando seu grupo de trabalho, por esse motivo era tão simpático com seus iguais. Porém, havia naquele ambiente uma Pombagira registrando tudo o que se passava lá dentro. Percebendo a movimentação dos espíritos, Mulambo, que não poderia ser notada por eles, se aproximou e começou a acompanhar a movimentação dos sombrios, que já formava um número considerável. Se o assunto tratado pudesse ser ouvido pelos encarnados, com certeza não ficaria um único vivente dentro daquela sala. Quanto mais os médiuns se juntavam para dar início ao atendimento, mais o espírito emanava energias negativas em direção ao grupo e mais discussão acontecia entre os encarnados.

Conforme passava o tempo e se aproximava a hora da abertura dos trabalhos, mais pessoas adentravam a sala e mais obsessores entravam juntos. A casa, naquele dia, estava completamente sem defesa energética ou espiritual, qualquer espírito poderia entrar e sair sem ser incomodado, não havia nenhum guarda na porteira. Apesar de a casa contar com uma equipe grande de médiuns trabalhadores, a desarmonia havia chegado ao ápice e o portal de defesa estava fechado.

Os ogãs se encontravam devidamente posicionados em seus atabaques, o centro do terreiro estava tomado de espíritos sombrios, uns caminhavam de um lado para o outro sem rumo, muitos estavam completamente drogados, outros visivelmente bêbados. Eles faziam uma algazarra ensurdecedora dentro daquela sala, falavam palavrões com as pessoas da assistência que entravam desacompanhadas. Um deles que era mais ousado sentou-se no congá debochando das imagens dos Orixás e dos santos católicos que ali estavam. Quando o chefe dos trabalhos adentrou a sala e os ogãs tocaram o ponto anunciando sua presença, os espíritos desordeiros caíram na gargalhada, debochando do líder. Aquele que era mais ousado deu ordens para que os outros fizessem silêncio, afinal, aquele senhor era um dirigente pai de santo e portanto merecia mais respeito, deixando ecoar estrondosa gargalhada, sendo acompanhado pelos demais baderneiros.

Quando foi dada a ordem para que os ogãs dessem início à abertura dos trabalhos, o terreiro virou um verdadeiro alvoroço, os médiuns não conseguiam responder o refrão das cantigas, os puxadores de música inexplicavelmente esquecem a letra, tudo estava saindo exatamente como o grupo de zombeteiros esperava.

A sala de assistência estava completamente lotada; aquele centro de Umbanda era conhecido pelos excelentes trabalhos que desenvolvia no bairro havia décadas, muitas curas já tinham acontecido naquele lugar que, no momento, estava repleto de espíritos sombrios atrapalhando os trabalhos de caridade que se desenvolviam naquela casa. Feita a abertura dos trabalhos, o rapaz encarregado da triagem começou a encaminhar pessoas da assistência em direção aos médiuns para que estes as atendessem e aplicassem os passes magnéticos ou qualquer outro procedimento necessário.

O trabalho de cura naquele centro sempre fora de alta relevância e era por meio desses passes que se obtinham a cura de alguns assistidos. Era exatamente isso que estava incomodando um dos chefes do baixo etéreo, que resolveu interferir nos trabalhos do centro e colocar um fim naquele lugar. Ele se dizia cansado de ver seus feitiços serem desmanchados pelos malditos espíritos trabalhadores daquela casa.

2º. SERGHAL, O PERIGOSO FEITICEIRO

Todo aquele grupamento de espíritos rebeldes estava a serviço de Serghal, um perigoso especialista em magia negra, um feiticeiro muito conhecido no baixo etéreo. Esse espírito trevoso tem laboratórios na crosta e atua na periferia do terceiro umbral, o grupo estava conseguindo atingir seus objetivos, quase todos os médiuns haviam sido irradiados por eles, exceto uma moça franzina que andava pelo meio da sala descalça, com o cabelo preso em um coque. Ela se movimentava em todas as direções e, inexplicavelmente, com um copo de água na mão. Entretanto, ela estava sendo observada pelo espírito ousado, que permanecia no congá sentado na cabeça da imagem de Oxalá, debochando da estátua do Orixá maior.

Depois que os trabalhadores atenderam todos os consulentes e na sala de assistência não se encontrava mais ninguém que não trabalhasse na casa, a moça franzina de pés descalços pediu autorização ao chefe dos trabalhos para dar passagem à sua Pombagira. Com apenas um sinal positivo do líder dos trabalhos, a moça deitou seu corpo para trás, balançou o ombro e rapidamente chegou à terra Maria Mulambo.

A Pombagira, ao pisar no terreiro, pediu uma pemba preta e ordenou que sete velas vermelhas fossem acesas, de modo que formassem uma estrela de cinco pontas. Riscou um ponto cruzado no centro do terreiro onde se encontravam enterrados os fundamentos da casa. Com um sinal mágico desenhado no ar, houve uma descarga energética que imobilizou todos os zombeteiros que estavam ao lado dos médiuns da casa, exceto aquele que estava sentado na cabeça da imagem de Oxalá, esse deveria permanecer livre, pois seria ele quem a levaria ao esconderijo do chefe.

Por ser uma Guardiã de Luz, sua presença não pôde ser notada por espíritos de baixo padrão vibratório; então, nenhum dos sombrios entendeu o que estava acontecendo naquela sala, sentiam apenas que havia uma força superior mantendo-os imóveis ao lado dos encarnados. Entretanto, a Pombagira circulava entre eles e lia o mental de cada um dos obsessores, rastreando e colhendo informações que seriam usadas futuramente na captura do feiticeiro chefe. Enquanto a Pombagira circulava pelo ambiente, era seguida por dois de seus Guardiões, esses portavam sofisticados aparelhos de *scanner* que, ao ser direcionado para um espírito, abre uma imensa fissura em seu mental expondo a origem e o histórico completo desse ser. Nesse caso, o que interessava era apenas sua ficha criminal. Depois que o ser era rastreado, a máquina deixava tatuado um número em seu campo magnético, facilitando assim futura identificação.

Após colher o que necessitava de informações do grupo de malévolos, a Pombagira que estava irradiando a moça reverenciou o chefe do terreiro, descarregou sua médium envolvendo-a com intensa luz protetora, para, em seguida, sair do ambiente deixando o centro entregue aos espíritos zombeteiros. Isso porque aquela casa teria necessariamente de passar por tal turbulência, para se fortalecer espiritualmente e assim pudesse oferecer maior conforto aos irmãos que futuramente lhe procurasse, então, obedecendo à lei do livre-arbítrio, ela nada podia fazer para evitar tal acontecimento.

Os trabalhos estavam encerrados e alguns dos obsessores que haviam entrado como acompanhantes se esqueceram de retornar com suas vítimas e agora faziam parte do bando de Mustafá, espírito de péssima índole, criminoso de guerra e escravo de Serghal, velho feiticeiro do baixo astral que havia incumbindo-o de destruir aquele tradicional centro de Umbanda. Durante meses, Mulambo acompanhou a movimentação do grupo zombeteiro e presenciou o centro sofrendo com os ataques pesados dos espíritos maldosos. Cada vez que acontecia um trabalho espiritual no plano físico, mais obsessores apareciam com as pessoas que procuravam ajuda e o bando de Mustafá crescia assustadoramente. A Pombagira acompanhava tudo a distância, analisava o comportamento dos médiuns, que em sua maioria se encontrava completamente desequilibrada; as brigas eram constantes e alguns, mais observadores, acabaram se afastando e procurando outras casas para trabalhar.

A desordem que Mustafá e seu grupo impuseram entre os trabalhadores no terreiro de Umbanda foi brutal; ele construía imbróglios com alto poder de destruição dentro do centro, usando-o como se este fosse seu laboratório. O feiticeiro agia com naturalidade para destruir aquela casa e até se gabava de ter dominado os médiuns com extrema facilidade; a vaidade e as brigas entre o grupo dos encarnados forneciam combustível em abundância para a horda de sombrios e as coisas começavam a se complicar para os trabalhadores da casa.

Ninguém mais se entendia e grande número se mostrava descontente com o dirigente do centro, que lutava em vão para manter a unidade do grupo sem obter sucesso. Em pouco tempo, foi diminuindo sistematicamente o número de frequentadores da assistência; os dirigentes estavam sofrendo as influências dos feiticeiros e nenhum deles atentou para o que estava acontecendo, nem mesmo médiuns experientes que faziam parte da diretoria conseguiam entender aquela desunião repentina entre os irmãos de fé.

A situação estava se tornando insustentável. Mustafá estava conseguindo implantar uma onda de negativismo tão forte entre os membros da família que herdara o centro, que alguns dos irmãos nem ao menos conseguiam se comunicar. Havia uma desarmonia generalizada, isso enfraquecia o grupo e fornecia melhores condições ao velho desordeiro que dominara facilmente o ambiente. Esse domínio das sombras durou bastante tempo e, durante o período em que o centro esteve sob o comando de Mustafá, ele usou o espaço como seu quartel-general onde recrutava espíritos rueiros e os enviava para fazer treinamento em escolas especializadas.

Lá eles aprendiam a desenvolver seus trabalhos na demanda; durante um período esses espíritos assistiam às aulas com professores de baixa magia e aprendiam suas técnicas, conhecimentos esses que abrangem um enorme e complexo sistema de trabalho que varia de assassinatos até pequenos acidentes de trânsito, incluindo desmanche de patrimônios, noivados, casamentos e tantas outras coisas que dependem do pedido do encarnado. Existe uma horda de clientes dos feiticeiros negros composta por pais e mães de santo, sacerdotes de Umbanda que se desviaram dos caminhos da espiritualidade de luz mergulhando na baixa magia e, de repente, começam a tecer trabalhos de feitiçaria negra em troca de dinheiro e, com essas práticas infernais, destroem inúmeras vidas.

3º. O SUCESSO DE MUSTAFÁ

Para Mustafá estava dando tudo certo; havia dizimado mais um núcleo espiritual e se mostrava muito decepcionado com os médiuns daquela casa, inclusive com seu corpo de dirigentes; ele não conseguia entender por que não houve nenhuma resistência deles.

O feiticeiro esperava mais conhecimento e preparo dos médiuns, mesmo porque muitos deles trabalhavam naquele centro havia bastante tempo. Achou que a casa se deixou dominar muito facilmente; o desordeiro ostentava o fato de que aquele não era o único centro que ele destruía, foi apenas um dos mais fáceis de tantos outros. Até onde ele podia enxergar realmente tinha razão, não encontrou muita resistência por parte dos encarnados, porém, Maria Mulambo estava atenta acompanhando toda euforia do velho desordeiro bem de perto e sabia bem que não estava passando despercebido; como feiticeiro experiente, também sabia que seria descoberto e preso a qualquer momento.

Porém, Mulambo teria de respeitar a lei do livre-arbítrio e, por conta disso, não podia interferir no trabalho de Mustafá, e o estrago continuava acontecendo. Depois que ele esvaziou o terreiro, deixando apenas o pai de santo e outros dois médiuns e absolutamente ninguém para assistência, imaginou que o serviço estava concluído e foi procurar seu chefe Serghal exigindo que ele o libertasse da escravidão conforme combinado, afinal, ele estava com um número grande de seguidores e precisava sustentar o grupo e suprir as necessidades dos viciados; caso em contrário, eles o abandonariam e retornariam para as ruas.

O chefe, a princípio, não aceitou sua proposta, mas lhe encarregou de executar outro trabalho; se tivesse êxito nele, não precisaria nem o procurar mais, estava automaticamente liberto, mas o alertou que seria uma tarefa difícil e somente aceitou o trabalho porque estava contando com sua colaboração. Esperava ter sucesso porque o trabalho era grande e não podia colocar em cheque sua reputação de melhor e mais bem-sucedido feiticeiro negro no baixo etéreo. Para que Mustafá não saísse desanimado, ofertou-lhe uma garrafa de bebida caríssima que havia recebido adiantado pela demanda que estava costurando, mas o alertou que não admitiria falhas na execução do trabalho que seria sua última chance de liberdade.

Serghal o levou até a sala do complexo laboratório e em uma tela gigante fixada na parede projetou um resumo da história de sua próxima vítima; mostrou então o homem a quem ele deveria destruir financeira e moralmente. O cidadão era detentor de um império financeiro respeitável, fruto de muitos anos de trabalho. O empresário que na área de alimentação fora bem-sucedido em seu projeto, tinha uma rede de supermercados com lojas em todo o Brasil. Isso incomodava severamente alguns membros de sua família, gerando uma carga de inveja grande.

Serghal mostrou uma linda moça que trabalhava com o empresário e apontou-a como potencial candidata ao lugar de esposa, encarregou Mustafá de atrapalhar a vida física do rapaz alegando que ele estava incomodando sua companheira com crises de ciúmes e ela era sua protegida. Mostrou a casa do empresário onde sua esposa estava sentada na mesa com um amigo do casal.

Mustafá aceitou o trabalho imediatamente. Para ele aquele seria o ambiente perfeito; já tinha os ingredientes, somente precisava organizar o tempero certo. Saiu do laboratório com a certeza de que aquele seria seu trabalho mais fácil, queria bater seu recorde. Tinha tanta certeza do sucesso que resolveu economizar tempo e seguiu direto para a casa do empresário, chegou e foi entrando sem ser incomodado por ninguém. Não havia guardiões na casa, era um ambiente perfeito e totalmente desprotegido; ao entrar, encontrou o casal de amigos conversando na mesa. Mustafá se aproximou e viu que estava fácil trabalhar naquele ambiente, então iniciou sua investida e começou a intuir o homem a avançar um pouco mais e convidar a amiga para conversar mais reservadamente. Com essa aproximação, o padrão vibratório do casal se alinhava ao do espírito sombrio, pois, inconsciente, eles se insinuavam simultaneamente. Com uma ajuda do espírito viciado em sexo não demorou muito os três estavam na cama do empresário fazendo sexo. Mustafá, que em sua última encarnação havia sido iniciado como sacerdote de Umbanda e abandonado para se dedicar a baixa feitiçaria, agora extrapolava na vida do crime; continuava viciado em sexo, bebidas, drogas as mais variadas e mergulhava cada vez mais para baixo em seu padrão vibratório, juntando-se ao grupo de estupradores, pedófilos e todo tipo de criminoso sexual.

Quando entrou naquela casa e viu o clima romântico entre o casal de amigos, teve certeza de que havia encontrado o ambiente perfeito para cometer novos crimes. Gostou tanto da companhia do casal que resolveu não só destruir o empresário moralmente preferindo eliminá-lo e tirá-lo logo do caminho do casal, que depois que foi para a cama em sua companhia continuava a fazer sexo ininterruptamente. O espírito sombrio ficava dentro do quarto do casal em tempo integral, afastava-se apenas quando o marido chegava à casa. Certo dia, o amante não apareceu e o espírito sombrio aproveitou para fazer uma visita ao empresário que naquele momento se encontrava no escritório central da empresa.

Queria estudar seu comportamento e avaliar qual seria a maneira mais fácil de destruí-lo. Quando chegou ao escritório, foi recebido gentilmente por uma moça que se apresentou como sua secretária, pediu que entrasse e lhe ofereceu uma bebida. Mustafá achou muito estranho aquela moça ter notado sua presença. Ele tinha a impressão de já ter encontrado aquela mulher em outro lugar, só não se lembrava de onde, mas resolveu degustar aquela bebida e tomou várias doses.

Quando o espírito criminoso tentou sair do sofá não conseguia ficar de pé, logo percebeu que tinha caído no golpe da bebida batizada. Tentou manter-se ereto, mas não conseguia; estava alcoolizado, as doses de bebida tinham lhe minado as forças. Imediatamente chamou a moça e lhe pediu explicações sobre o que havia colocado em seu copo. Ela respondeu que tinha sido apenas um pouquinho de Mulambo, mas lhe disse que tinha muito mais daquela bebida na garrafa e, se ele continuasse andando naquele lugar, o faria tomar doses mais fortes e certamente a coisa iria se complicar para ele. Portanto, seria muito melhor que se afastasse daquelas pessoas, assim não seria necessário ela intervir em seu trabalho e acabar prendendo ele e seu grupo de desordeiros.

Quando o zombeteiro escutou o nome Mulambo, entrou em pânico e veio imediatamente em sua mente de onde conhecia aquela moça. Ela se aproximou dele, colocou a mão em sua cabeça, leu seu histórico e o porquê de ele estava naquele lugar. A Pombagira se aproximou um pouco mais e suavemente sussurrou para ele que aquele homem era seu protegido e seria bom para o sombrio esquecer o trato que havia feito com Serghal, pois estava correndo o risco de perder sua liberdade. Em seguida, com uma série de sinais mágicos desconhecidos dos encarnados e do próprio Mustafá, projetando-o em direção ao quarto umbral, na velocidade do pensamento, onde Exu Veludo juntamente com outro Tronado o esperava para uma conversa particular, assunto esse que certamente o ser sombrio jamais esqueceria.

Depois que saiu do encontro com os amigos de Mulambo, parecia que o espírito estava determinado parar com a vida do crime, mas às vezes o instinto fala mais forte e sobrepõe-se à nossa vontade. Desse modo, o sombrio resolveu não cumprir com o que havia combinado com o senhor Tiriri, amigo e parceiro da Pombagira Maria Mulambo nesse trabalho de quebra da demanda.

Mustafá estava com seu mental arraigado no crime de tal modo, que estava totalmente dominado, mas depois da recepção que teve no escritório do empresário, o espírito criminoso desistiu de assassinar o protegido da Pombagira, mas continuou frequentando sua casa para fazer sexo com sua esposa e o amante, que estava cada dia mais apaixonado pela mulher, que também não conseguia mais disfarçar o romance com o amigo; chamou então o empresário e pediu que se separassem, seguindo as instruções do espírito criminoso. Ele havia traçado uma nova estratégia para desfazer o casal, sem que precisasse correr o risco de encarar a Pombagira; resolveu, então, agir sorrateiramente e assim não haveria a chance de falhar no trabalho e, consequentemente, continuar sujeito às vontades e chantagens do chefe Serghal.

4º. O GRUPO DE MUSTAFÁ

O espírito criminoso andava tão ocupado com as tardes de sexo junto ao casal, que esqueceu que havia formado uma horda de espíritos criminosos a seus serviços. Resolveu retornar ao centro que havia praticamente destruído e reassumir a liderança do grupo. Quando chegou ao lugar, entrou despreocupado como se estivesse entrando em sua casa, afinal, ali era seu quartel-general e ninguém dos recrutados era inteligente o suficiente para liderar.

Quando entrou no centro, empunhava duas garrafas de bebida e foi logo fazendo piadas com a situação, que se encontrava o ambiente. Nem de longe parecia aquele próspero terreiro de Umbanda que tantas curas haviam proporcionado a seus médiuns e consulentes. Já fazia alguns dias que não aconteciam trabalhos espirituais naquela casa, as paredes estavam impregnadas de larvas astrais e forradas de fluidos nocivos por causa da presença de tantos espíritos negativos; as formas pensamentos eram as piores possíveis. Mustafá ficou eufórico com o resultado do trabalho de seu grupo, ao menos por enquanto ele havia conseguido neutralizar aquela casa de caridade.

Mustafá entrou na casa fazendo uma enorme algazarra e distribuindo bebidas e gentileza ao grupo; rapidamente todos haviam esquecido o sumiço do chefe, que se mostrava muito agradável com os comparsas e satisfeito com a tomada daquele ambiente. Os sombrios faziam verdadeira algazarra com a chegada do chefe, que tinha suas intenções ocultas.

Logo que acaba a bebedeira, ele recrutou quatro espíritos e se encaminhou para a casa do empresário, onde os instalou e deu ordens expressas para que atrapalhasse o diálogo entre o casal, não podia haver demora no processo de separação. Deixou a quadrilha e saiu em busca de novos trabalhos. Mustafá sempre fora um homem ambicioso, não se contentava com pouco poder e sempre queria mais. Não demorou muito, ele voltou ao seu quartel-general, recrutou mais dois espíritos e os encaminhou para uma comunidade onde deveriam desenvolver uma fofoca entre os médiuns de um centro espírita kardecista, que estava incomodando um dos feiticeiros do baixo étéreo com os bons resultados dos passes magnéticos que os médiuns aplicavam nas pessoas necessitadas e estas paravam de praguejar e abrir espaço para ele roubar ectoplasma e desenvolver suas demandas.

Mustafá havia formado uma grande horda de desordeiros e por isso precisava procurar trabalho para eles antes que começasse haver muitas cobranças ou desentendimentos dentro do grupo e sua capacidade de liderança fosse questionada, pois ele bem sabe que entre espíritos sombrios o que menos existe é lealdade. O chefe se esforçava para arrumar serviço para seu grupo, entretanto, não se esquecia de dar uma passada na casa do empresário, onde Morgana e Júlio se encontravam mergulhados na promiscuidade. Mustafá entrava e participava do banquete e assim o casal lhe proporcionava momentos de prazer carnal.

Conforme foram passando os dias na casa de José Carlos, o ambiente se deteriorava e estava cada vez mais tenso; o casal não conseguia dialogar nem sobre as coisas mais simples do cotidiano, tal como, a rotina dos filhos na escola. Os espíritos sombrios que Mustafá havia colocado dentro da casa estavam desenvolvendo excelente trabalho, mas não sabiam que estavam sendo acompanhados, monitorados e a qualquer momento poderiam ter de sair dali direto para uma prisão no baixo etéreo ou poderiam ser deportados para o centro de reabilitação de uma colônia espiritual.

Enquanto o grupo de zombeteiros trabalhava, divertia-se e fazia sexo com o casal de amantes usufruindo dos viventes, olhos secretos estavam espionando-os e acompanhando atentamente os passos de Mustafá. O Guardião do empresário, senhor Exu Sete Facadas, juntamente com sua Pombagira Maria Mulambo se mantinham atentos à movimentação dos espíritos negativos na casa do empresário, que aparentemente levava vida normal. Havia apenas os aborrecimentos pelos quais estava passando com a esposa desatenta, mas em pouco tempo as coisas começaram a mudar e o clima na empresa que era bom começava também se deteriorar, mas José Carlos se mantinha focado nos negócios e seu padrão vibratório continuava equilibrado. Isso dificultava a ação dos obsessores sobre ele, entretanto, intensificaram o ataque de negativismo em cima de sua esposa, que mantinha uma rotina de adultério diário fornecendo aos espíritos sombrios um campo fértil para que executassem seus trabalhos.

Os filhos do casal procuravam manter-se longe dos problemas que estavam acontecendo entre os pais, mas já percebiam a hostilidade entre eles, que não conseguiam se entender e já falavam abertamente sobre a possibilidade de haver uma separação. Mas José Carlos mantinha sua rotina, fazia o máximo para que os filhos não sofressem as influências dos desentendimentos entre ele e a esposa e, consequentemente, se desconcentrassem dos estudos. Diferentemente do ambiente familiar, os negócios iam muito bem, pois o jovem empresário havia criado uma empresa com ótima estrutura composta por competentes executivos no comando do grupo e ele apenas presidia o conselho deliberativo.

Mas a paz em sua casa estava cada dia mais difícil e ele preferia ficar mais tempo no escritório. Em um dos dias em que havia discutido com a esposa, chegou ao escritório sem muita disposição para trabalhar, chamou a secretária e lhe comunicou que ficaria o dia fora, pediu que cancelasse todos os compromissos, pois ele precisava refrescar sua cabeça. Como a moça trabalhava com ele havia muito tempo, virara sua confidente; ele resolveu lhe contar o que estava acontecendo em sua casa.

Ela o escutou muito prestativamente e o aconselhou a fazer realmente um almoço fora e esfriar a cabeça, afinal, ele tinha muitas preocupações na empresa e não podia fraquejar por conta de uma mulher que não o queria mais. Concluindo que ele era um homem muito bonito e logo estaria com outra mulher que o valorizasse e lhe amasse de verdade, apenas pelo que ele era como pessoa e não pelo que tinha como empresário, ela lhe deu um beijo malicioso no rosto, pediu licença e retornou para sua sala. Carlos ficou olhando-a com certo prazer, estava aliviado com o desabafo e, consequentemente, com o apoio recebido pela secretária, que se mostrara boa amiga dedicada ao trabalho e disposta a ajudá-lo sem demonstrar nenhum interesse.

O jovem empresário então deixou o terno na cadeira, pegou o automóvel, ligou para um amigo, combinaram o almoço e foi refrescar a cabeça.

Quando o patrão saiu, ela pegou o telefone, fez uma ligação e comemorou com alguém do outro lado da linha:

– Olá, o trabalho está dando certo, parece que as coisas já começaram a acontecer.

Ao desligar o telefone, entrou no escritório de José Carlos, espalhou um pó mágico preparado previamente sobre a cadeira do patrão e saiu deixando escapar uma sonora gargalhada. Quando se retirou, fechou a porta, que parecia não ter sido aberta; a secretária possuía uma cópia oculta da chave que mandara fazer tempos atrás.

Logo após executar o procedimento dentro do escritório, sem que ela percebesse, dois vultos escuros começaram a seguir seus passos; era uma dupla de espíritos obsessores que, a partir daquele instante, passaram a acompanhá-la em tempo integral. Eram espíritos de péssima índole, escravos do feiticeiro que havia aceitado desenvolver o trabalho para destruir o casamento de José Carlos. Mas esses vultos não estavam sozinhos dentro daquela empresa.

Uma jovem Guardiã havia sido colocada como espiã naquele ambiente e passava para sua chefia todo o movimento que acontecia dentro daquelas salas. Durante o dia em que José Carlos esteve fora, sua secretária enviou várias mensagens para seu patrão, demonstrando-se muito preocupada com ele, sempre lhe dizendo palavras de incentivo e simulando querer elevar sua autoestima. Porém, sempre vigiada de perto, tudo aquilo era devidamente registrado pela Guardiã, enviado para um banco de dados no complexo da chefia e arquivado pela equipe de elite do palácio da Pombagira Mãe.

O ritual de elogios da secretária para com seu chefe se tornou cada dia mais intenso. Entretanto, ela não se descuidou, sempre que chegava à empresa se dirigia à sala dele e colocava um pouco daquele pó sobre sua cadeira, dava uma gargalhada debochada e saía fechando a porta para que ele não desconfiasse de que estivera lá.

A moça se dedicava ao trabalho como se a empresa fosse sua propriedade, ela se mostrava bem animada com os acontecimentos na casa do patrão, tinha certeza de que em pouco tempo estariam juntos e até morando na casa dele ocupando o lugar de sua esposa. Enquanto os obsessores trabalhavam no escritório, fazendo com que a secretária se desmanchasse em gentileza para José Carlos, os outros espíritos subordinados a Mustafá se locomoviam dentro da casa dele como se fossem os verdadeiros donos.

Morgana, a esposa adúltera, estava cada dia mais apaixonada pelo amigo do marido; este por sua vez recebia intuições fortíssimas dos obsessores e se aproximava sistematicamente dela. Por outro lado, recusava todos os convites que o amigo lhe fazia, não suportava mais vê-los juntos e começou a pressionar Morgana para que rompesse logo com o casamento. A esposa andava sofrendo pressão do amante para se separar o mais rápido que pudesse, ou ele sairia do relacionamento. Segundo lhe dizia, não estava mais suportando a ideia de ela dormir na mesma cama com outro homem, mesmo sendo seu marido. Enquanto Júlio, o amante de Morgana, lhe pressionava para que se separasse rápido de José Carlos, de quem ele era amigo desde a infância, Mustafá também cobrava de seus escravos atitudes mais contundentes; queria que o trabalho fosse concluído imediatamente, porque já estava com outros projetos e precisava de mais habilidade dos escravos, que estavam bem instalados na casa do empresário e só queriam saber de bebedeira e participar das tardes de sexo do casal de amantes.

5º. A INSANIDADE DE CLAUDINE

Na empresa os negócios andavam muito bem e Claudine, a secretária, intensificava o assédio ao patrão, que inconscientemente começa a ceder e prestar mais atenção ao comportamento gentil da moça. Sempre que tinha uma chance, ela se aproximava dele e fazia perguntas sobre como estava o ambiente em sua casa, colhia as informações e repassava para o pai de santo a quem havia encomendado o trabalho de amarração.

O escritório de José Carlos era grande; alguns funcionários já percebiam as insinuações da moça e comentavam o comportamento da secretária para com o chefe. Em virtude disso, o ambiente começou a se deteriorar e ficar com uma atmosfera carregada, especialmente depois que aconteceram alguns desentendimentos entre Claudine e outras secretárias.

No ambiente etéreo, os espíritos da falange de Mustafá, depois que receberam a pressão dele, também intensificaram os trabalhos dentro da casa para afastar de vez o casal. Esse, por precaução, colocou mais obsessores dentro da empresa com o propósito de que ajudassem Claudine no campo da sedução ao chefe. Foram colocadas na empresa duas mulheres que, quando viventes, eram especialistas em seduzir e conquistar homens; elas eram donas de casas de prostituição, portanto tinham bastante habilidade no trato com seus clientes.

As mulheres acompanhavam os passos de Claudine dentro e fora da empresa, intuíram a secretária em tempo integral, mas quando José Carlos se dirigia para sua casa, as duas sombrias deixavam a companhia da secretária e o acompanhava. Quando ele entrava em seu lar, elas se colocavam ao lado de Morgana e lhe aplicavam fluidos que degeneravam sua feminilidade aos olhos do marido. Ele, que era apaixonado pela esposa, agora começava a perceber muitos defeitos nela e compará-la com a secretária, a quem começara a prestar mais atenção.

As mulheres de Mustafá atuavam no campo da sedução invertida, que automaticamente virava repulsa. Por outro lado, os dois espíritos que já estavam morando na casa do empresário se aproximavam dele e faziam o mesmo processo, aplicavam o mesmo fluido degenerador em cima dele e, automaticamente, Morgana começava a perceber traços em seu marido que não enxergava antes e, imediatamente, compará-lo com Júlio. Com a interferência dos zombeteiros, o ambiente se desintegrava, o marido que antes estava com seu padrão vibratório positivo agora já não tinha mais tanta força para se manter imune aos ataques dos comandados de Mustafá e começava a ter a certeza de que a melhor coisa a fazer era realmente se separar da esposa, colocando fim ao casamento.

Quando os obsessores conseguiram implantar esses pensamentos no mental de José Carlos, Mustafá teve a certeza de que o trabalho estava quase concluído. Só não sabia que estavam sendo espionados e catalogados pelos representantes da Lei Divina.

Toda movimentação da equipe de Mustafá era monitorada pela espiã Maria Mulambo; tudo era devidamente documentado e enviado ao centro de controle no palácio da Pombagira chefe, de onde ela começava a preparar uma reação contundente aos abusos que estavam sendo praticados na casa e na vida do casal. Mulambo sabia exatamente como desmanchar aquela demanda, mas precisava esperar o tempo adequado, pois o trabalho ainda não estava completamente construído. O feiticeiro responsável pela demanda era muito astucioso e sabia muito sobre como trabalham os Exus na quebra desse tipo de bruxaria. Por esse motivo ele não amarrou todos os nós do emaranhado trabalho de amarração que o pai de santo havia encomendado. Além de sua sagacidade, Serghal era muito antigo e tinha desenvolvido poderes mágicos desconhecidos dos Exus, isso dificultava o trabalho da Pombagira, que diante de sinais não identificados traçados pelo mago pedem a ajuda dos Pretos-Velhos, que, assim como o mago negro Serghal, são espíritos milenares e detentores de poderes mágicos, a ponto de anular ou até mesmo quebrar os emaranhados de nós que os feiticeiros constroem. Por esse motivo a Pombagira teria de esperar ele concluir o trabalho e somente dessa forma ela identificaria os pontos vulneráveis do imbróglio. Enfim ela precisava esperar os acontecimentos seguintes.

Enquanto ela esperava, Mustafá corria em busca de mais trabalho para sua equipe de espíritos desordeiros, os membros da falange se empenharam o máximo para destruir logo o casamento de Morgana e aceleravam o assédio de Claudine ao patrão. As mulheres que a acompanhavam lhe aplicavam fluidos afrodisíacos sempre que ela se aproximava de José Carlos, que aos poucos ia prestando atenção em sua secretária e identificando nela uma mulher atraente e muito bonita; às vezes se pegava pensando como não tinha percebido essas qualidades antes.

6º. NO TERREIRO DE MAGIA NEGRA

Claudine começou a perceber os sorrisos fáceis do patrão, comunicou ao feiticeiro encarnado sobre a evolução do processo e passou a real situação de tudo, dando inclusive detalhes sobre o que estava acontecendo na casa do patrão. Ele ficou interessado no assunto e disse que se fazia necessário sua presença, pois necessitava dela em um trabalho onde receberia seu maioral e estava precisando de mais dinheiro, porque teria de dar continuidade ao trabalho para que, segundo ele, sua Pombagira adquirisse força e lhe trouxesse seu patrão imediatamente extremamente apaixonado. Só precisava fazer mais um ou dois trabalhinhos e sua vitória estaria garantida, mas caso ela não comparecesse com a quantia exigida, o trabalho poderia fracassar, pois o chefe espiritual estava cobrando mais empenho por parte dela no trabalho de sedução.

Claudine ficou em pânico com o chamado do pai feiticeiro e, no mesmo dia, quando saiu do trabalho, foi direto ao terreiro levar o dinheiro e receber as instruções do maioral.

O pai de santo morava em um bairro bem afastado do centro da cidade de Porto Alegre, capital do Estado do Rio Grande do Sul. Quando a secretária chegou ao local em que o feiticeiro chamava de centro de kimbanda, já era tarde da noite. Os espíritos sombrios da equipe de Mustafá que estavam trabalhando na casa de José Carlos já a esperavam; naquele dia ela seria o banquete, a moça trazia em sua bolsa uma garrafa de uísque escocês 18 anos e uma caixa de charutos caros, que seriam presenteados ao patrão. Ela sabia que José Carlos gostava de fumar charutos acompanhados de ótimo uísque, por isso levou esses dois elementos para serem preparados pelo suposto pai kimbandeiro. A moça chegou ao local e entrou no portão que se mantinha sempre aberto, exceto quando o maioral estava em terra. Ela não conseguia perceber, mas em sua companhia se deslocavam duas mulheres de aparência tenebrosa, seus corpos astrais carregavam manchas enormes que representavam marcas dos crimes cometidos em suas existências.

Quando a secretária adentrou o centro, foi recebida com euforia pelo suposto pai de santo, que quis saber tudo que estava acontecendo com ela. Sem demora, ficou sabendo de detalhes da vida de seu patrão, falou sobre as brigas do casal, tirou da bolsa um maço de dinheiro e lhe entregou. Pediu que ele preparasse mais um pó mágico e queria um perfume para ela usar, queria que seu chefe viesse logo parar em suas mãos, não estava disposta a trabalhar por muito tempo.

Depois que recebeu o dinheiro, o pai de santo entrou em um cômodo anexo ao centro, de onde saiu incorporado com um espírito que se autointitulou maioral tronado. Esse espírito começou a beber cachaça e jogar simultaneamente pelo chão, fumava dois charutos ao mesmo tempo, falava palavrões, passava a mão nas partes íntimas da secretária, seu comportamento era uma verdadeira aberração. Há certa hora mandou que lhe trouxessem um galo preto, que já o esperava desde cedo. Quando estava com o bicho na mão, encostou sua testa na da secretária e chamou uma entidade que também se dizia de linhagem real, mas que na realidade se tratava de um espírito feminino de baixíssimo padrão vibratório. O ser encostou-se à secretária e imediatamente ela teve seu astral completamente deformado, nem de longe parecia aquela linda moça que havia adentrado o centro de kimbanda há pouco tempo.

O espírito pegou o galo e fincou o dente em seu pescoço, arrancando-lhe a cabeça e bebendo o sangue que saía da ave. Em seguida, entregou o galo nas mãos de uma assistente do pai de santo e ordenou que tirasse o fígado, o coração e trouxesse para ele. Quando estava de posse dos dois órgãos, ordenou que a secretária tirasse a roupa. A moça, que estava irradiada pelo espírito sombrio feminino, não questionou o maioral e se despiu completamente. Em seguida ele introduziu o coração do galo em sua vagina, repetindo o mesmo procedimento com o fígado; esse ele colocou na boca da moça e a ordena que engolisse sem mastigar. Em seguida, ainda com a moça despida, introduziu novamente o coração do galo, mas dessa vez em seu ânus e, em seguida, lhe fez engolir também sem mastigar. Depois que a moça engoliu os órgãos do galo, o maioral ordenou que a assistente fizesse uma incisão no dedo indicador da mão esquerda da moça e colhesse uma poção de sangue. A mulher seguiu sua ordem e lhe entregou o fluido vital de Claudine em um copo. O maioral mandou que completasse com uísque, a assistente obedeceu e lhe entregou o copo cheio. Ele mandou a secretária tomar um gole e, em seguida, sorveu o que restava no copo. Quando o líquido desceu no esôfago do médium, o espírito que havia tomado seu corpo deixou sair uma enorme gargalhada. Com aquele ato ele havia anexado Claudine como mais um espírito encarnado que se tornara seu escravo.

O espírito que incorporava no pai de santo não tinha absolutamente nada de maioral; na verdade se tratava de um espectro de altíssima periculosidade, que há muitos séculos vive na criminalidade e tem pretensão de dominar uma falange de escravos, mas por causa de sua péssima reputação entre os magos negros deve se contentar com as migalhas oferecidas por Serghal.

O espírito que tomou conta do corpo de Claudine também era um espectro feminino, que em troca de um pouco de bebida o acompanhava em seus trabalhos de magia negra. O suposto maioral se movimentava dentro do centro com o galo na mão já sem vida, pois fora aberto para a retirada do fígado e do coração; mesmo assim, ele tentava arrancar alguma gota de sangue da ave. A essa altura o espectro já havia tomado uma garrafa de uísque e oferecido outra para sua companheira incorporada em Claudine.

Ambos se movimentavam livre pelo terreiro como se estivessem em suas casas, tamanha era a intimidade que o casal de espíritos sombrios tinham naquele ambiente, dando a entender que não era o primeiro trabalho de baixa magia desenvolvido pela dupla demoníaca naquele ambiente. Enquanto os espectros ostentavam poder e desfrutavam de boa bebida, os espíritos da equipe de Mustafá permaneciam deitados no chão para que o maioral pisasse sobre eles como se fossem tapetes vermelhos, esse é um costume vulgar e desprezível dos espíritos de baixo padrão vibratório. O centro de kimbanda havia se transformado em um ambiente hostil e sem dono, pois o pai de santo e a secretária se encontravam sob o domínio absoluto dos espectros, que é a espécie de espíritos mais cruel do baixo etéreo. São os maiores ladrões de energia vital do Universo, até mesmo os magos negros temem um confronto com essa espécie de criminosos.

Embalados pelo alto teor alcoólico, os seres se deslocavam pelos aposentos do terreiro acompanhados da ajudante do pai de santo. Por várias vezes o espectro acariciava as partes íntimas da secretária e, em algumas ocasiões, tentou fazer o mesmo com a mulher, filha de santo de seu aparelho. Em certo momento, o espectro que incorporou a secretária pediu que a ajudante pegasse um frasco de perfume, a bebida e os charutos que estavam na bolsa da moça. Com os elementos na mão, o espectro se encaminhou para o meio do centro e pediu que seu companheiro concluísse o trabalho. Ele então pediu outro galo e, com uma mordida, arrancou sua cabeça e novamente bebeu o sangue direto no pescoço do bicho, mas dessa vez juntamente com sua companheira e deixando cair respingos sobre os elementos que seriam entregues ao patrão de Claudine. Enquanto a ajudante do pai kimbandeiro acompanhava a movimentação dos espíritos no plano físico, no etéreo os zombeteiros de Mustafá continuavam deitados em posição de inferioridade, servindo de tapetes para a dupla de espíritos infernais.

Quando usufruiu do sangue de Claudine e de dois galos, o suposto maioral chamou o líder dos espíritos da equipe de Mustafá e lhe entregou um frasco que continha sete gotas de sangue das aves misturadas com uma gota de Claudine e mandou que entregasse para seu chefe. Feito o pagamento de Mustafá, ele continuou andando pisando na cabeça dos escravos, que permaneciam deitados no chão lhe servindo de capachos.

Já era altas horas da madrugada e os espectros continuavam bebendo e roubando ectoplasma da médium ajudante da casa.

Eles mantinham total domínio sobre os corpos do pai de santo e da secretária; bebiam, fumavam e faziam sexo no meio do centro sobre os fundamentos que estavam enterrados naquele terreiro, em sinal de total desrespeito para com os elementos que ali se encontravam. Os espíritos sombrios somente deixaram de irradiar os viventes quando o dia começou a clarear, quando houve o primeiro cantar de um galo vizinho do terreiro, aí então os espectros se desacoplam bruscamente dos corpos dos médiuns que caíram desacordados no chão. Quando acordaram se demonstravam exaustos, entretanto, aos poucos recobraram as consciências.

O pai do terreiro e a secretária haviam sido totalmente esgotados energeticamente pelos espíritos malévolos que incorporaram. Porém, antes de ir embora, o espectro havia deixado com a assistente do pai de santo todos os procedimentos que deveria seguir para que o feitiço desse bom resultado.

Claudine estava com a roupa completamente rasgada e não tinha condição de voltar para sua casa naquela situação. Em concordância com o pai de santo, ligou para José Carlos pedindo que fosse a seu encontro, pois tinha sofrido um sequestro e estava desesperada; não tinha conseguido falar com sua família e, naquele momento, somente poderia contar com ele.

Ao receber tal notícia, ele saiu desesperado ao encontro da secretária, que, de propósito, rasgou um pouco mais sua roupa no intuito de impressionar seu chefe. Depois de algum tempo, José Carlos chegou ao local combinado, que ficava um pouco afastado do centro de kimbanda, para que ele não desconfiasse de sua história. Quando a moça viu o patrão, simulou uma crise de choro e acabou sendo consolada por ele, que lhe conduziu de volta para um lugar seguro. Ao chegar ao centro de Porto Alegre, José Carlos a convidou para dormir em sua casa, não era plausível acordar sua família àquela hora da madrugada. Depois de resistir à ideia, Claudine acabou aceitando o convite do patrão, afinal, ela conhecia muito bem Morgana; sabia que não haveria nenhum problema ela passar o restante da noite em sua casa, mesmo porque já era fim da madrugada.

Ao chegarem à casa do empresário, ela percebeu que Morgana dormia no quarto da filha. José Carlos levou Claudine até o quarto de hóspedes e foi dormir no sofá. A secretária esperou ele dormir e então começou andar silenciosamente pela casa, aproveitando para distribuir um pó de feitiço que recebera do pai de santo do terreiro. Claudine colocou o pó inclusive no quarto do casal. Ela não conseguiu dormir; quando tentava fechar os olhos, tinha sensações estranhas, percebia que havia alguém lhe olhando o tempo todo.

Claudine permaneceu sentada na cama e, sem perceber, ao seu lado duas mulheres de aparência horrenda lhe sugaram doses consideráveis de energia vital. A secretária sentia fortes dores na cabeça, por isso foi até a sala acordar José Carlos, queria sair antes que Morgana a visse dentro de sua casa, o que ela tinha de fazer naquela residência já estava concluído. Agora era somente esperar os acontecimentos seguintes, que não demoraram muito a acontecer. Poucos dias depois daquela noite, José Carlos a chamou em seu escritório e se declarou apaixonado por ela.

Claudine, fingindo não acreditar no que o patrão estava falando, tentava lhe convencer de que ele estava fragilizado com a situação em sua casa e por isso estava se achando apaixonado por ela. Realmente o feitiço havia atingido o empresário em cheio, mexendo com seu emocional e ele não conseguia mais ficar longe de sua secretária, por isso resolveu chegar mais cedo à sua casa e chamar Morgana para conversarem sobre a separação.

Porém, enquanto o empresário tentava organizar seu raciocínio para uma conversa civilizada com Morgana e a melhor forma de sair do casamento, antes de chegar a sua casa tinha o mental invadido pelos espíritos sombrios que estavam juntos a ele dentro do carro, e isso impossibilitava qualquer chance de diálogo. Ele não percebia a presença dos zombeteiros, mas, três espíritos da equipe de Mustafá estavam acompanhando seus passos constantemente. Os seres sombrios se posicionaram estrategicamente em sua volta e ficavam repetindo constantemente o nome Claudine em seus ouvidos. Um dos espíritos era feminino e ficava tocando os órgãos genitais de José Carlos, para que ele ficasse excitado ao se lembrar da secretária, enquanto os outros continuavam repetindo o nome dela.

    Quando José Carlos desembarcou do carro e entrou em sua casa, um dos espíritos se colocou à sua frente e começou liberar fluidos negativos em sua volta contaminando seu campo astral, para que Morgana lhe repudiasse ainda mais. Nesse clima tenso e de atmosfera pesada, o casal não suportava nem se olhar. Quando José Carlos entrou em sua casa, a família estava sentada à mesa jantando; ele não conseguia enxergar, mas estavam sentados junto a seus filhos e a esposa mais quatro espíritos que haviam se juntado aos que já estavam morando na residência. Mustafá havia colocado sete espíritos sombrios para acompanhar a rotina da família e acelerar o processo de divórcio do casal. Morgana, sentada entre os filhos, convidou o marido para jantar, ele asperamente respondeu que estava sem fome e se retirou, entrou em seu quarto e percebeu que a cama estava desarrumada. Percebeu também que havia uma peça de roupa masculina que não lhe pertencia, saiu imediatamente fechando a porta do quarto para que Morgana não conseguisse entrar, esperou que os filhos se recolhessem e chamou a esposa para lhe fornecer informações sobre aquela peça de roupa. Morgana não soube explicar ao marido a quem pertencia tal peça, pois havia ficado fora de casa o dia inteiro e não tinha entrado no quarto. Houve uma discussão acirrada entre o casal que resolveu se separar imediatamente.

    O empresário então comunicou aos filhos que estava se mudando em definitivo, para evitar, assim, que eles convivessem em um ambiente perturbado. José Carlos saiu de sua casa e foi morar em um hotel bem próximo à empresa, queria ficar perto do trabalho.

Os dias foram se passando e já fazia algum tempo que o casal estava separado. Todavia, a rotina do empresário mudara bastante. Morando sozinho sentia a falta dos filhos, queria recomeçar novo relacionamento e, com isso, intensificava os galanteios para com sua secretária. Induzido pelo grupo de Mustafá, ele estava muito apaixonado e não conseguia se imaginar longe de Claudine, que também se mostrava interessada pelo patrão, mas esperava uma determinação de seu pai de santo, que a alertara sobre o tempo que deveria esperar para dar início ao namoro. Era necessário guardar o tempo que o espectro havia determinado para que Serghal concluísse a amarração, porém, agora, com a separação do casal, ele poderia selar de vez a demanda.

Maliciosamente, a secretária prestava solidariedade ao chefe e se mostrava extremamente receptiva aos galanteios, mas ele teria de esperar o aval de seu pai de santo. Certa tarde, Claudine atendeu ao telefone e do outro lado vem a boa notícia: ela estava quase liberada para executar seus planos, bastava que fizesse uma visita ao centro e concluísse o pagamento da amarração, para pegar o material preparado pelo espectro e finalmente tomar posse de seu patrão. Nesse dia ela saiu do trabalho mais cedo, alegando que tinha marcado uma consulta médica e esquecera-se de comunicar com antecedência ao patrão.

Ele queria acompanhá-la e, inventando desculpas, ela conseguiu se livrar da companhia de José Carlos e saiu rapidamente em busca de seu pó mágico, o qual ela imaginava que seria sua salvação, em poucos dias seria uma mulher muito rica e teria aquela empresa em suas mãos. Ela era uma mulher muito ambiciosa e não media as consequências de seus atos. Enquanto Claudine se preparava para assumir o reinado que pretendeu, a situação na casa de José Carlos era desoladora para seus filhos, entretanto, sua ex-mulher se mostrava feliz. Morgana imaginou uma nova vida após se separar de Carlos; em seu delírio, e sob total influência dos obsessores de Mustafá, havia idealizado um casamento feliz com Júlio, por quem estava perdidamente apaixonada. Entretanto, ele não se mostrava disposto a assumir nenhum compromisso com ela, mesmo porque, logo após o casal se separar, Mustafá retirou sua equipe de obsessores de dentro da casa e eram exatamente esses espíritos que faziam com que ele tivesse interesse pela esposa do amigo.

Júlio estava arrependido de seus atos e tentou se aproximar de José Carlos, mas ele não o recebeu e a conversa acabou não acontecendo, o empresário não queria que ele se aproximasse de Claudine. Mesmo assim, Júlio tentava uma reconciliação com o amigo de infância, por isso se afastava cada dia mais de Morgana. Esta, depois que os obsessores se afastaram, começou a apresentar sinais de depressão profunda, a esposa de Carlos começava a sofrer as consequências de seus atos. Ou seria ela vítima da insanidade de Claudine, que interessada apenas em conquistar uma vida de luxo, emaranhou-se nos caminhos da baixa feitiçaria e por meio de trabalhos de magia negra destruiu o casamento de Morgana, sem levar em consideração as consequências de seu ato? Somente o tempo saberá precisar ou julgar seu comportamento. Fato é que a coisas começavam a ficar estranhas, pois mesmo com todo o aparato que ela recebera do pai do terreiro, o namoro com seu patrão estava andando a passos lentos, o pó preparado não estava surtindo o efeito desejado, os espíritos femininos que antes a ladeavam e aumentavam sua sensualidade haviam se afastado e José Carlos não estava mais tão apaixonado, não demonstrava interesse no tão sonhado relacionamento.

A secretária, a essa altura dos acontecimentos, começava a entrar em desespero e a cobrar do pai kimbandeiro melhores resultados, afinal, ele havia prometido colocar José Carlos em suas mãos. Também garantiu transformá-la em dona daquela empresa, ela havia lhe dado uma boa soma em dinheiro e exigia que ele cumprisse com sua palavra. Entretanto, o pai do terreiro havia feito tudo certo e não entendia por que as coisas não estavam acontecendo de acordo com o resultado esperado, então começou a desconfiar de que havia sido enganado pelo espírito mensageiro de Serghal.

O feiticeiro encarnado passou então a fugir de sua cliente e não atendia aos telefonemas da secretária, dando ordens a seus ajudantes para não mais o chamarem ao telefone e lhe passassem o recado de que ele estava viajando para fora do país e demoraria alguns meses para voltar, portanto, ela deveria aguardar que ele fizesse contato.

A secretária estava desesperada com o rumo que seu projeto de poder estava tomando, nem mesmo no plano etéreo o ambiente estava favorável para Claudine, os espíritos escravos de Mustafá haviam saído de dentro da empresa e não a acompanhavam. Mulambo havia expulsado o grupo do ambiente e os proibido de se aproximar da secretária.

A Pombagira fechou os chacras da moça e não permitia mais que nenhum espírito se aproximasse dela, fosse ele de esquerda ou de direita. Seu campo magnético estava totalmente bloqueado, permaneceria assim por tempo indeterminado, pois ela precisava acertar contas com sua Guardiã.

Mulambo, em parceria com o Exu do empresário, armou um sistema de defesa na empresa para as formas-pensamento emanadas pelo baixo astral não surtissem efeitos sobre ele. O ambiente estava muito tenso para Claudine e José Carlos, que ultimamente não queria ficar perto de sua secretária e fazia de tudo para não lhe encontrar.

Para evitar que ela lhe visitasse após o trabalho, mudou-se para um hotel distante da empresa e não deixou o endereço. Isso começou a acontecer depois que ele passou a desconfiar das atitudes estranhas da moça e prestar mais atenção em seu comportamento. José Carlos começou a monitorar as ligações telefônicas de sua secretária e certo dia, quando o telefone tocou, ele quis escutar a conversa, então identificou a voz de Morgana que o procurava e a resposta de Claudine foi de que ele não se encontrava na empresa.

José Carlos também monitorou outra ligação em que ela cobrava de um ajudante do pai de santo um retorno rápido, e exigia o número do telefone móvel do responsável pelo trabalho fracassado; ela dizia que estava desesperada e necessitava falar com ele urgentemente.

Em outro telefonema ela confidenciou para o ajudante que seu patrão estava desconfiado dela e, certamente, não queria mais ficar no relacionamento, portanto exigia que o pai de santo honrasse o compromisso de lhe entregar o patrão na bandeja, conforme combinaram, e esbravejava com o ajudante reclamando que havia pagado muito dinheiro para ter o chefe como seu marido e, em nenhuma hipótese, abriria mão de se tornar dona daquela empresa e, consequentemente, uma mulher muito rica e poderosa, nem que para isso tivesse de dar um fim na vida de Morgana.

José Carlos ouvira as conversas de Claudine e descobriu a armadilha de que fora vítima; começou a procurar uma maneira de eliminar tudo que havia dado errado em sua vida e iniciar uma caminhada para um recomeço. Entretanto se fazia necessário demitir a secretária, não queria mais contato com ela. Certo dia, quando chegou à empresa, entrou sem se anunciar e encontrou Claudine sentada em sua cadeira vasculhando as gavetas da escrivaninha. Nessa hora ele teve certeza de que era necessário demitir a secretária para consertar os rumos que ela havia dado a sua vida. José Carlos pediu que ela saísse de sua cadeira e anunciou sua demissão.

Ao receber a notícia, a secretária se desesperou e pediu perdão ao chefe tentando justificar que estava mexendo nas gavetas organizando documentos. Entretanto José Carlos tinha motivos para não confiar em sua secretária e confirmou a demissão, ela não acreditava no que estava acontecendo; então, demonstrando indignação, saiu da sala prometendo vingança.

A secretária, ao sair da empresa, estava extremamente irritada com a demissão, seu astral era de baixíssima vibração, porém, ela não estava saindo sozinha pela porta. Após ser dispensada do trabalho pelo homem a quem ela desejava ter como marido, Claudine teve que sair do emprego levando em sua companhia os espíritos negativos que havia atraído após se envolver nos trabalhos de magia negra.

A Pombagira protetora da secretária era Maria Mulambo, entretanto, havia se afastado por conta de seu envolvimento com os feiticeiros negros, a quem encomendou uma demanda para ter seu patrão nas mãos. A Guardiã precisou deixá-la seguir seu caminho onde passaria pelo aprendizado duro e, somente assim, aprenderia a respeitar a lei do livre-arbítrio.

Com os dias se passando, já há algum tempo fora da empresa e longe de José Carlos, Claudine estava entregue à depressão e se tornara alvo dos espíritos negativos, que sugavam suas energias provocando-lhe desânimo para sair à procura de emprego. Com esse estado depressivo ela se lastimava em tempo integral, gerando material fluídico, alimentando o negativismo e criando excelentes condições para os espíritos afins que lhe acompanhavam desde aquela noite em que o espectro lhe roubou uma poção de sangue criando então uma ligação direta com ela.

Claudine não se conformava com a saída da empresa e estava à procura de um feiticeiro que fizesse uma demanda para destruir seu ex-patrão, mas enquanto ela estava focada em sua vingança o empresário se dedicava ao trabalho e procurava manter o padrão vibratório elevado, impossibilitando, assim, a aproximação de espíritos de baixa frequência.

Enquanto a secretária definhava fisicamente, despencando em seu padrão vibratório e permanecendo mergulhada no desejo de vingança, o empresário tentava reorganizar a vida que ela quase conseguira destruir com um trabalho de baixa feitiçaria.

As consequências sinistras desse trabalho não foram poucas, a vida das pessoas escolhidas para fazerem com que o trabalho sujo do feiticeiro negro desse certo, de certa forma foi modificada. O grupo afetado foi praticamente desfeito, membros dele se encontravam envolvidos na trama maldita, muitas dessas pessoas permaneciam sendo intuídas por obsessores e, inconscientemente, mergulhavam em suas peripécias cotidianas, seguindo seus caminhos individualmente sem se preocuparem com o bem-estar de seus irmãos no terreiro de Umbanda.

Do lado obscuro da baixa espiritualidade, Mustafá continuava ocupando o centro invadido tempos atrás. Agora ele contava com um imenso grupo de desordeiros trabalhando em troca de alguns goles de cachaças, um mínimo de alimentação ou cigarros baratos. Por meio de uma rede e boateiros Mustafá espalhava pelo baixo etéreo que ele havia conseguido desmanchar um casamento sólido em pouquíssimo tempo, também ostentava o sucesso que tivera na invasão do centro de Umbanda, que estava atrapalhando os trabalhos de seu senhor e se colocava como o mais eficiente dos serviçais do grupo do feiticeiro, pois conseguiu se libertar da escravidão e virar parceiro de Serghal.

7º. MULAMBO NO COMANDO

O grupo de Mustafá andava à solta pelas ruas da cidade de Porto Alegre, os espíritos sombrios provocavam acidentes de automóveis, derrubavam motociclistas e ciclistas, eram todos arruaceiros e detentores de imensas doses de maldade. Mustafá, na verdade, havia perdido o controle sobre seus desordeiros que estavam espalhados entre os drogados e alcoólatras da capital gaúcha. Mas a Pombagira Maria Mulambo estava trabalhando para reorganizar a vida das pessoas que o grupo havia prejudicado. A Guardiã estava retomando o controle energético na casa de José Carlos e Morgana dava sinais de que estava melhorando da depressão em que caíra logo após a separação e, consequentemente, o abandono que lhe fora imposto por Júlio.

Com o trabalho desenvolvido por Mulambo o ambiente na casa de José Carlos estava melhorando paulatinamente, a Pombagira estava trabalhando duro para reverter a maldade praticada pelo grupo de Mustafá a pedido de Claudine, mas o casal ainda não havia se reconciliado.

Os cônjuges estavam conseguindo dialogar e, sempre que um deles precisava de apoio, o outro auxiliava, nas consultas de Morgana ao psicólogo José Carlos a acompanhava, ainda havia muito ressentimento a ser superado, mas era possível reverter o trabalho de demanda que o casal fora vítima, motivo pelo qual houve esse afastamento tão brusco e repentino entre eles. O empresário ou sua esposa não imaginavam por que haviam mergulhado naquele penhasco, eram um casal perfeito com tudo conspirando a seu favor e repentinamente a estrutura familiar começou ruir sem que eles soubessem o real motivo, mesmo porque um enfeitiçado nunca identifica quando está sendo vítima de magia negra.

Esses espíritos são muito habilidosos e perspicazes, normalmente se aproximam sorrateiramente fazendo com que o encarnado lhe ofereça os elementos fundamentais para sua própria queda, eles estudam a melhor maneira de atingir o vivente; e como são experientes no campo da baixa magia, sabem muito sobre como chegar e obter sucesso repentino. Esses espíritos já cometeram tantos crimes em suas tentativas de redenção, já fracassaram em tantas encarnações, que não são mais considerados espíritos humanos recuperáveis.

Nesse caso se encaixam Mustafá e Serghal, que fazem parte de um grupo de espíritos rebeldes que nem mesmo a interferência dos senhores dragões foi suficiente para deter seu índice de maldades. Esses seres já transgrediram a lei do livre-arbítrio tantas vezes que perderam o formato de seus corpos espirituais sobrando apenas um corpo fluídico deformado e um vácuo em seu mental. Esses espíritos errantes estão sob os olhares atentos dos mestres iluminados que compõem o conselho do comando planetário e este concílio considera espíritos criminosos reincidentes projeto que não deu certo, portanto, deverá ser encerrado.

Entretanto, antes que um espírito seja incinerado, ele passa pelo crivo dos dragões, que esvaziam seu mental e o devolve ao comando para que o serviço seja executado. Nos planos dimensionais de alto nível evolutivo, os mestres da luz executam então esse procedimento usando câmaras regeneradoras, equipamentos de altíssima tecnologia desconhecidos até então da humanidade encarnada. Elas então incineram o corpo astral e dissipam sua energia para que seja acoplada ao Universo e seja transmutada de negativa para positiva; então aquela porção cósmica passa a fazer parte de um novo projeto. É muito raro os mestres usarem esse processo, isso acontece excepcionalmente com espíritos de mente demoníaca que levam séculos praticando maldades e se recusam a encarnar para corrigir seus erros. O comando planetário não adota o princípio da tolerância com espíritos reincidentes na criminalidade.

O comando planetário dispensa atenção especial com aqueles que estão envolvidos em trabalhos de magia negra, ou aos que praticam invasão de corpos vivos, porque, além de roubarem ectoplasma, causam enorme prejuízo energético ao aparelho invadido. Crime como o praticado pelos espectros de Serghal contra Claudine. Os espectros naquela sessão macabra no suposto centro de kimbanda praticaram vários crimes que são inaceitáveis pelos mestres contra um espírito encarnado, quando invadiram o corpo astral da secretária, abusaram dela sexualmente deixando-lhe o corpo impregnado com suas energias maléficas e, consequentemente, lhe implantaram um *chip* rastreador escravizando-a, e, ao desencarnar, muito provavelmente será prisioneira deles. Caso não seja socorrida a tempo pelos mensageiros da luz, essa moça sofrerá torturas que nenhum ser encarnado seria capaz de suportar.

Nesse caso, ela corre o risco de nenhum Guardião poder lhe ajudar, pois foi ela quem se vendeu quando procurou o pai de terreiro para desenvolver um feitiço contra seu patrão e a família. Alguns magos negros são extremamente inteligentes,

---

*N.E.: Obra publicada pela Madras Editora.

porém, dotados de imensa dose de maldade. Muitos são cientistas que, encarnados, trabalharam egoisticamente pensando apenas em seu sucesso, e quando se viram fora do físico não cessaram suas atividades e atualmente seus laboratórios no astral dispõem de material radioativo de alto poder destrutivo. Se eles conseguissem externar essas armas e, por ventura elas chegassem a ser usadas, comprometem seriamente a estrutura da vida física no planeta.

É exatamente por isso que os feiticeiros negros invadem cemitérios, hospitais, igrejas e centros espirituais para roubar ectoplasma.

É por meio da manipulação desse fluido vital que eles desenvolvem todo tipo de feitiçaria e inclusive material bélico, que guardam em seus laboratórios localizados em vários pontos na crosta terrena.

O trabalho dos magos negros está fundamentado em destruir, eles não pensam em mais nada a não ser criar dificuldades para a humanidade, eles são especialistas em destruir a autoestima. Quando uma pessoa é atingida por um trabalho de magia negra, a primeira coisa que ela perde é a alegria. Essas pessoas passam a enxergar dificuldades em tudo que vão fazer, logo começam a imaginar doenças, o padrão vibratório despenca de tal modo que passam a atrair todo tipo de espírito negativo, que não são necessariamente desencarnados. Os viventes que vibram no mesmo padrão também se aproximam, foi exatamente o que aconteceu entre Morgana e Júlio, José Carlos e Claudine. Eles estavam alinhados em seus padrões vibratórios, por esse motivo foi muito fácil serem influenciados pelos espíritos zombeteiros de Mustafá.

Há casos em que os viventes exercem mais influências em pessoas enfeitiçadas do que o desencarnado. Todavia, devemos sempre vigiar nossos pensamentos o máximo possível, porque quando um feiticeiro negro aceita costurar uma demanda, ele estuda o ponto vulnerável de sua vítima e sabe exatamente como lhe atingir. Vale lembrar que esses espíritos são extremamente inteligentes e têm milênios militando na criminalidade. São espíritos que não pussuem compromissos com a verdade, são mentirosos, enganadores, trapaceiros, habitam as dimensões escuras do Universo, já não tem o mental de espírito humano, muitos gostam de usar corpos de répteis ou aves de rapina, o que os possibilita deslizar mais rapidamente pela matéria densa do baixo etéreo.

É com esses seres maldosos que os Exus e Pombagiras têm que lidar na maioria de seu tempo, nossos Guardiões atuam firmemente na quebra de demandas e esses trabalhos são desenvolvidos pelos magos negros e feiticeiros do baixo astral. Então, os engenheiros da escuridão consideram nossos mentores como seus inimigos. Entretanto, não podem atentar contra os Guardiões, porque esses estão amparados pela Lei Maior e são alinhados com os dragões, que na maioria das vezes dão sustentação ao trabalho que estes executam.

Fundamentada nesses princípios sagrados, a Pombagira Mulambo executava o trabalho de limpeza na casa de Morgana, que melhorava sensivelmente da depressão de que fora vítima após seu rompimento amoroso com Júlio. Mas sua melhora se dera exclusivamente por conta do trabalho executado por Mulambo, que logo após Mustafá retirar seus desordeiros de perto de Morgana, ela assumiu o comando da casa e equilibrou o campo energético de todos os membros da família. Entretanto, essa recuperação não acontecia somente por ocasião das limpezas energéticas que ocorriam na residência, Morgana também recebia importante tratamento psiquiátrico, que fora recomendado pela Pombagira para que ela pudesse retornar à vida normalmente.

Ao dormir, enquanto deixava o corpo físico descansando, ela era encaminhada para um hospital astral que trata exclusivamente espíritos que sofrem invasões de seus corpos. Nesse lugar ela recebia apoio psicológico e passava por um processo mais aprofundado de limpeza energética para se livrar das energias deixadas por Mustafá e alguns de seus escravos quando eles a violentavam durante as tardes de orgias juntamente com Júlio.

Conforme o corpo astral de Morgana ia se livrando das larvas maléficas dos sombrios, seu estado de saúde física e mental ia melhorando sensivelmente e Mulambo continuava equilibrando o ambiente familiar. Os filhos do casal haviam sido suavemente atingidos energeticamente, apenas o emocional das crianças sofreu o impacto mais profundo da separação dos pais. José Carlos amenizava esse impacto e constantemente visitava Morgana, conversavam sobre como poderiam oferecer maior conforto emocional aos filhos.

Foram várias as vezes em que ela lhe fez propostas para que voltasse morar na casa. Mas José Carlos ainda precisava absorver melhor os convites, o impacto que sofrera com o relacionamento entre Morgana e seu amigo fora forte demais e mexera com seu psicológico. Ele também estava fazendo tratamento psicológico, estava com uma viagem agendada e deixara para depois da volta a decisão de reatar ou não o casamento com Morgana.

Enquanto o empresário fazia planos para viajar, Mulambo trabalhava com seu Guardião para equilibrar o ambiente na casa, porque certamente sem a influência dos espíritos feiticeiros o casamento seria retomado e uma nova realidade circundaria o casal. Morgana apresentou boa melhora e se dedicava integralmente aos cuidados domésticos e de seus filhos, telefonava para José Carlos todas as manhãs e lhe convidava para tomar café, na maioria das vezes ele aceitava e acabavam almoçando em um restaurante bem próximo ao escritório. Enquanto eles estavam juntos, o Guardião de Carlos e Mulambo aproveitavam para alinhar seus corpos astrais e organizar seus campos emocionais para que, se houvesse um retorno realmente do casamento, não sobrassem sequelas negativas importantes.

Carlos, em um dos almoços, comunicou a Morgana que faria a viagem para a Europa, precisava organizar melhor as ideias e, quando voltasse, provavelmente se aposentaria de suas funções empresariais e ocuparia apenas a presidência do conselho administrativo do grupo. Dessa forma, sobraria mais tempo para acompanhar seus filhos. A empresa estava muito bem estruturada e não dependia mais de suas decisões. Morgana brincou com José Carlos perguntando se ele iria precisar de uma secretária durante a viagem, ele prometeu que na próxima a levaria. Entretanto, o casal precisava esperar as férias escolares dos filhos.

José Carlos realmente sentiu vontade de levar sua esposa na viagem, mas se fazia necessário ficar um tempo fora sozinho para reorganizar as ideias e ver se realmente fazia sentido reatar o casamento. Durante o tempo em que esteve viajando para a Europa, deixou Morgana cuidando de sua agenda executiva.

Depois da confusão que Claudine criou em sua vida, ele passou a cuidar pessoalmente de sua rotina dispensando o uso de secretária pessoal. Enquanto o empresário estava fora do Brasil, Maria Mulambo e seu Guardião aproveitaram e fizeram uma limpeza minuciosa em todos os ambientes que ele permanecia por longos períodos, seu escritório e sua residência. Todavia, muito ainda teria de ser feito. Mas a Pombagira estava empenhada pessoalmente em organizar aquela situação; para isso, ela não media esforços e, com sua extrema habilidade política, auxílio era o que não lhe faltava. Atendendo a um pedido de Mulambo, o presidente de uma cidade astral vizinha da Terra disponibilizou uma equipe espiritual especialista em recuperação de ambientes energéticos, que prepararia o ambiente familiar para sua volta.

Os mentores sabiam que o trabalho era árduo, pois precisavam consertar os estragos provocados pelos zombeteiros do feiticeiro Mustafá. Feito isso, eles acionariam os Guardiões Mulambo e Tiriri, responsáveis pela guarda de José Carlos, e eles acionariam o comando de justiça planetária onde entrariam com o pedido de prisão do grupo. Somente com essa autorização em mãos, as duas falanges em conjunto deveriam executar as ordens do comando e prender tais desordeiros. Enquanto isso não acontecia, os parceiros Mulambo e Tiriri trabalhavam firmes para criar as condições ideais e devolver José Carlos a seus filhos e reconstruir o ambiente familiar.

Certo tempo, o Exu e a Pombagira estavam realizando um trabalho de restauração de ambiente na casa de José Carlos quando receberam a visita de um mensageiro do tribunal de execuções penais, que veio em nome do comando da luz entregar a autorização para que prendessem Mustafá e todos os espíritos que formavam sua falange. Entretanto, Serghal deveria ficar fora do processo porque já tramitavam no tribunal outros pedidos de prisão contra ele e outros feiticeiros subordinados.

Com a autorização em mãos, era hora de deter o bando de obsessores que estava aterrorizando boa parte da cidade de Porto Alegre.

Maria Mulambo e Tiriri começaram a organizar diligências para localizar e mapear os lugares por onde andavam os integrantes da falange maldita. Os Guardiões de Mulambo vasculharam as ruas gaúchas à procura dos criminosos de Mustafá. Entretanto, não foi possível encontrá-lo, ele certamente estava embrenhado no baixo etéreo em busca de trabalho para seu grupo de marginais e nem imaginava que estava sendo procurado pelos representantes da Lei Maior.

Mulambo então se reuniu com o senhor Exu Tranca-Ruas, fazendo-lhe saber de que necessitava de autorização para que seus soldados e aliados pudessem circular livremente por suas encruzilhadas em busca do chefe dos criminosos. Seu consentimento se fazia necessário, pois ela não pretendia molestar as leis hierárquicas.

8º. CAÇADA AOS ESPÍRITOS CRIMINOSOS

De posse da autorização, Mulambo organizou uma equipe de especialistas em baixo etéreo e começou uma incrível caçada ao grupo de criminosos pelas entranhas umbrais do planeta, com a difícil missão de colocar um fim na impunidade praticada por Mustafá e seus comparsas. Com a prisão de alguns espíritos desordeiros que formavam o grupo de Mustafá, o trabalho no terreiro de Umbanda voltou a acontecer e, aos poucos, foram chegando muitos médiuns e hoje conta com uma excelente equipe de trabalhadores, presta um grande serviço espiritual e trabalha exclusivamente para a caridade.

Sempre que tem trabalho da esquerda, eu dou uma passada para trabalhar com minha menina, que continua desenvolvendo seu papel de médium exemplar.

Ficaram perambulando pelo centro alguns espíritos andarilhos, mas que não ofereciam nenhum perigo aos frequentadores, vários deles acabaram sendo socorridos pelos mensageiros e encaminhados para uma instituição beneficente, que se localiza no Estado de São Paulo, mais precisamente na Serra da Mantiqueira, fundada pela amiga e comadre Maria Padilha. Mustafá foi detido pelo Guardião de José Carlos e encaminhado para uma prisão de segurança máxima no terceiro umbral, onde eu e meus amigos Veludo e Marabô mantemos uma parceria e uma organização de combate ao crime, já mencionado no livro *Exu Veludo** psicografado por este médium.

Serghal, apesar de estar sendo monitorado pelos Exus de Lei e ter seu tempo de liberdade exaurido, ainda está solto no baixo etéreo desenvolvendo suas demandas a pedido de feiticeiros encarnados de péssima índole, mas devemos lembrar que esses viventes também são procurados por pessoas comuns que pagam para eles desenvolverem tais trabalhos e lhes pagam muito dinheiro para isso. Assim como Serghal, Mustafá e tantos outros feiticeiros que habitam o umbral terreno também usufruem das benesses do livre-arbítrio, mas no tempo determinado pelo comando planetário todos nós teremos de prestar contas sobre nossos atos e ninguém ficará impune perante a Lei.

Podem ter certeza de que ninguém nesse Universo está acima da lei universal. Devemos, no entanto, nos ater a detalhes que farão muita diferença para os viventes que se envolvem com feitiçaria negra, sempre há graves consequências para o corpo físico, pois ele acaba entrando em contato com energias que nem sempre são saudáveis, vimos que Claudine teve seu corpo físico e astral invadidos por um casal de espectros e, como consequência, teve seu mental completamente comprometido e se encontra em estado de demência espiritual.

9º. CLAUDINE

Claudine permanece internada em um hospital psiquiátrico de Porto Alegre onde é submetida a tratamento neurológico, mas seu estado de saúde mental continua se degradando de maneira muito rápida, praticamente não reconhece seus parentes; a pessoa que se aproxima e tenta conversar, ela age como se estivesse conversando com José Carlos. Os danos causados ao mental de Claudine a partir de quando o *chip* fora implantado pelos espectros tornaram-se irreversíveis. Mentores e mensageiros já localizaram o artefato energético, entretanto, não podem retirá-lo, pois o espírito Claudine é muito ambicioso e orgulhoso, quando o corpo físico dorme, ele sai e vai procurar o pai de terreiro e lhe cobrar o resultado que lhe prometera, é um vingador implacável; com isso seu estado mental continua definhando e o *chip* se potencializa.

Os mentores não podem fazer nada para ajudá-lo, mesmo porque têm de respeitar a lei do livre-arbítrio e, principalmente, deixar que o espírito insano siga seu caminho e carregue seu fardo até a exaustão; somente dessa maneira ele irá se livrar de seu elevado índice de maldade. Seria necessário um extremo tratamento terapêutico e uma mudança sistemática em seu estado de consciência para afastar Claudine das garras de Serghal e seus vampiros energéticos, mas para que isso acontecesse seria necessário que ela estivesse em um estado mental favorável. Ela sofreu danos importantes em seu raciocínio lógico e por isso precisa de cuidados especiais. A secretária necessitava de tratamento neurológico e espiritual simultaneamente, por isso a chefe da falange disponibilizou uma Mulambo para auxiliá-la ministrando-lhe passes fluídicos para ajudar melhorar seu estado psicológico, mas sabemos que ela se comprometeu demasiadamente com os feiticeiros e levará muito tempo para se limpar das energias malévolas deixadas por eles em seu campo astral.

    Claudine não terá mais seu raciocínio lógico recuperado, vai passar o tempo que lhe resta como encarnada dependendo de pessoas ao seu redor, para cuidar da alimentação, higiene e especialmente com sua medicação psicotrópica. Ela sofreu importantes lesões mentais e foi colocada em estado vegetativo por Serghal.

    Ele fracassou em sua feitiçaria e não conseguiu juntar Claudine e José Carlos de fato, mas criou uma ilusão no mental da moça por meio do *chip* que lhe fora implantado pelos espectros. A secretária insana delira em tempo integral achando que está com seu patrão e que conseguiu se casar tirando-o de Morgana; imagina ter assumido o controle das empresas tornando-se rica e poderosa. E assim ela permanecerá até o fim de seus dias encarnada. Entretanto, seu martírio não terá fim com o desencarne; quando sair do corpo, ela provavelmente se tornará escrava de Serghal, que usufrui o máximo de seus serviços até que seja eventualmente resgatada por um mensageiro da Lei Maior.

    Esse é o resultado da atitude inconsequente da promissora secretária executiva, que, levada pela extrema ambição, se enveredou pelos caminhos perigosos da baixa feitiçaria e mergulhou no tenso mundo da magia negra tentando mudar o destino de pessoas, atentando contra as Leis Sublimes. Com essa atitude impensada criou para sua vida um buraco negro que certamente levará muito tempo para sair de seu precipício. Além da situação em que mergulhou, Claudine se comprometeu gratuitamente com a esposa de José Carlos que, ao sofrer o assédio dos obsessores de Mustafá mandados pela secretária, acabou traindo seu companheiro criando uma fissura energética no astral de Morgana, que levará muito tempo para se dissipar.

    Os prejuízos sofridos por Claudine não param no corpo astral. O local escolhido pelos espectros para depositar o rastreador no corpo da secretária foi seu pâncreas, que a partir de então começou a sofrer fortes interferências e, depois de algum tempo, dar sinais de fraqueza e um tumor começou se desenvolver nesse órgão. Entretanto, a insanidade de Claudine impede que ela relate aos médicos os sintomas da doença e sofre dores insuportáveis, o que a faz gritar em tempo integral; mesmo sob os efeitos de medicamentos fortes, ela continua dando muito trabalho às equipes de cuidadores.

A secretária passou algum tempo nesse martírio no hospital psiquiátrico, mas foi transferida para uma unidade especializada. Somente nesse local os médicos descobriram que ela era portadora de grave enfermidade e deram início ao tratamento. Entretanto, o câncer já estava em estágio avançado e não havia mais nada que a medicina pudesse fazer em seu favor, exceto administrar certas drogas fortes para amenizar as dores, mas a doença já havia se espalhado por todo o sistema imunológico e seu estado de saúde se degradou rapidamente.

Enquanto Claudine definhava em um leito de UTI, Serghal se preparava para lhe receber como escrava e, de propósito, intensificava a eficácia da doença encurtando seus dias de vida. Fazia alguns meses que a secretária estava internada na UTI em estado terminal, vitimada pelo câncer provocado por Serghal e seus espectros. Entretanto, o espírito de Claudine continuava envolvido com a promiscuidade do baixo etéreo, porém, acompanhado de perto por alguns mensageiros de Serghal, que somente esperavam o corpo se esvair da vida para lhe aprisionar e entregar ao chefe feiticeiro. Certa noite, quando a Pombagira Mulambo chegou ao hospital para administrar passes fluídicos na secretária, percebeu que um grupo de espíritos se concentrava no corredor em que a moça estava internada. Ela se aproximou do grupo sem ser notada e começou a escutar o que eles conversavam, um dos espíritos era muito debochado e parecia ter certa intimidade com o espírito que estava prestes a desencarnar. Contava para os outros as aventuras da noite anterior, que havia mantido relações sexuais com Claudine e lhe roubado boa dose de ectoplasma; ambos sorriam e não se descuidaram da porta de leito onde a secretariá estava em estado de desenlace.

Enquanto Mulambo espionava os serviçais de Serghal, Mustafá apareceu disfarçado de pequeno réptil andando pelas paredes do edifício, estava tentando se esconder da Justiça; entretanto, havia um mandado de prisão expedido pelo comando planetário em seu nome. Mulambo apenas colocou o pé em cima do pequeno réptil e acionou o senhor Exu Tiriri, que enviou imediatamente uma equipe de Guardiões para fazer a prisão oficial do velho feiticeiro.

Mustafá certamente ficará fora de combate por longo tempo. Entretanto, a equipe de Serghal continuou de plantão no hospital à espera do desencarne de Claudine, para conduzi-la à presença do chefe no baixo etéreo, porém, esses espíritos criminosos não estarão sozinhos quando chegarem à mansão do mago negro, pois tal equipe será acompanhada de perto por um moleque travesso portando equipamento de moderna geração tecnológica, capaz de mapear ambientes por mais remoto ou escuro que seja e enviar imagens em tempo real para todos os cantos do Universo, informações essas que serão armazenadas nos avançadíssimos equipamentos de comunicação da organização Maria Mulambo e servirão para que, no futuro, seja feita a localização de Claudine e tantos outros inconsequentes que certamente em busca do sucesso a qualquer custo se envolveram com os espectros e ou feiticeiros negros.

Mustafá foi facilmente aprisionado e transportado para a prisão em uma dimensão vizinha pela equipe de Guardiões do chefe Tiriri, que preferiu levá-lo ainda em forma de réptil, porém, muito bem guardado em uma cápsula especialmente produzida para conduzir espíritos de alta periculosidade. Ele seguiu escoltado por homens fortemente armados, pois Tiriri sabia do perigo que o prisioneiro representava para seus Guardiões.

Enquanto Mustafá era enviado para um presídio no astral onde ficaria esperando correr o processo que posteriormente o levaria à presença da Lei, os mensageiros de Serghal permaneciam a postos no corredor do hospital à espera do desencarne da mais nova escrava do reino do mago negro. Enquanto esperavam, os espíritos sombrios falavam muito, contavam histórias mirabolantes e ostentavam uns para os outros mentindo demasiadamente.

O barulho acabava chamando a atenção de alguns socorristas desencarnados de plantão. Os falastrões nem imaginavam que estavam sendo observados bem de perto por Mulambo, que foi ministrar passes fluídicos para auxiliar no desencarne de Claudine e acabou por intermediar a prisão de Mustafá, um espírito criminoso com mandato de prisão expedido pelo comando planetário.

Agora a Pombagira colhia informações importantíssimas sobre a rotina de trabalho no reino de Serghal, isso certamente ajudaria as equipes de Guardiões em incursões pelo baixo etéreo à procura de feiticeiros negros ou de espíritos sombrios como os espectros, conhecidos como capas negras e outras organizações criminosas do baixo astral. Mulambo então entregou a vigilância do grupo ao Exu Mirim e adentrou o leito hospitalar para auxiliar a equipe de mensageiros que estava trabalhando naquele ambiente onde Claudine perecia com um devastador câncer no pâncreas, resultado de seu envolvimento com os espectros de Serghal.

Era por volta de meia-noite quando entrou no leito o espírito responsável pela guarda da secretária desde seu nascimento, seu anjo da guarda; ele veio auxiliar no desenlace da moça e entregar seu cargo à espiritualidade maior, dando por encerrada sua missão como guardião daquele espírito.

O corpo de Claudine se esvaiu da vida e definhava a cada instante, sua cor rubra dava lugar a um tom amarelado, resultado da diminuição do número de células hemácias e aumento da supremacia dos leucócitos, processo pré-morte do corpo físico.

A movimentação dentro do leito hospitalar era intensa; além de Claudine havia mais dois espíritos que estavam programados para desencarnar naquela noite, seus parentes espirituais eram muitos e começavam a chegar para lhes conduzir à suas novas moradas.

A secretária também tinha uma família astral numerosa, sua avó materna era um espírito influente na colônia onde reside e veio acompanhada de grande número de parentes assistirem a seu desencarne. Entretanto, todos sabiam das condições enfermas em que se encontrava o espírito da moça e também tinham consciência de que seu destino era outro e não à colônia espiritual de onde havia partido há alguns anos terrenos para encarnar.

Naquele leito hospitalar, exatamente à meia-noite desse lado da terra, seus parentes se posicionaram ao lado do corpo moribundo e testemunharam o desenlace total do espírito de Claudine aos 42 anos de idade e exatamente 38 anos antes do tempo programado pelo plano encarnatório para que o espírito concluísse suas experiências no plano físico. Muitas responsabilidades deixaram de ser cumpridas e muitos carmas foram gerados. Do lado da moça sabemos que entre seus crimes ela também praticou o suicídio inconsciente. Do lado do mago negro Serghal, surgiu mais um assassinato para sua enorme coleção de crimes.

Quanto ao feiticeiro encarnado, este cometeu um crime hediondo em que envolveu os nomes de espíritos consagrados; tentou destruir um matrimônio que fora planejado pelo plano espiritual e certamente responderá por tal inconsequência na forma mais implacável da lei. Com o agravante se tornará também escravo de Serghal e, quando desencarnar, será levado ao mundo do mago e será submetido a torturas que jamais imaginou existir.

Logo após o desencarne da secretária, alguns parentes espirituais tentaram lhe despertar da insanidade aplicando-lhe fluidos regeneradores, porém, sabiam que o esforço seria em vão, ela nem os escutava e tampouco lhes dava atenção. Ela já estava sob os efeitos maléficos da magia hipnótica do mago negro, que acompanhava tudo a distância para não correr o risco de ter o mesmo destino de Mustafá.

Poucos minutos após Claudine desencarnar, seus parentes saíram do ambiente para que ela seguisse o destino que havia escolhido ainda em vida física. Quando os espíritos desocuparam o leito hospitalar, imediatamente um grupo de sombrios subordinados ao mago negro adentrou o quarto e, de maneira abrupta, a conduziu para fora do complexo, entraram em uma nave que, sem demora, levantou vou rumo ao perigoso mundo do baixo etéreo.

Entretanto, não estavam sozinhos na missão e, sem que percebessem, estavam transportando junto um moleque muito travesso e comprometido com a Lei Maior.

O Exu Mirim, ao adentrar a belíssima nave em forma de morcego, o que facilitava seu deslocamento pela matéria densa do baixo etéreo, já estava trabalhando para localizar o paradeiro de Serghal. O moleque mapeava o caminho e o rumo que tomara o veículo enviando as informações em tempo real para o centro de controle da organização Maria Mulambo. A Pombagira sabia que, em pouco tempo, ele retornaria e, certamente, traria notícias de Claudine e de outros espíritos insanos vítimas da magia negra e da ousadia do feiticeiro.

10º. O VELÓRIO DE CLAUDINE

A morte de Claudine foi amplamente noticiada dentro da empresa de José Carlos; seus ex-colegas de trabalho então se organizaram para ir ao velório. Morgana não quis comparecer para não dar a entender que estava satisfeita com a morte da secretária, mas deixou claro para seu marido que não haveria nenhum problema caso ele quisesse acompanhar seus funcionários. Ele aceitou a sugestão da esposa e resolveu acompanhar os empregados, mas seu Guardião o intuiu a não comparecer, mesmo sabendo que o espírito de Claudine já havia sido levado pelos comparsas do feiticeiro, não era totalmente seguro para ele ou Morgana entrarem naquele ambiente, pois o clima estava muito tenso. Havia uma energia negativa que rondava o velório a qual ainda não havia sido identificada. Mulambo e Tiriri suspeitavam de que o cemitério seria invadido pelos capangas de Serghal para roubar ectoplasma, então, repentinamente, José Carlos resolveu que não iria. A dupla de Guardiões sabia da iminência de uma batalha e, exatamente por isso, não era aconselhável o casal se expor ao ambiente.

Apesar de o casal contar com a proteção da dupla de Exu, o ambiente calunga não se mostrava totalmente seguro, as invasões de cemitérios são sempre muito perigosas e normalmente fazem muitas vítimas entre os espíritos encarnados, especialmente naquela situação, pois o casal era parte envolvida na trama maligna que culminou com a morte física de Claudine; nesse caso, era fundamental que se mantivessem longe da calunga. Intuído por seu Guardião, José Carlos se mostrava sem vontade de participar do velório de sua ex-secretária. Entretanto, o empresário fretou um veículo para que os empregados fossem prestigiar a colega.

Durante aproximadamente 12 horas terrena, o corpo da secretária esteve exposto à visitação de seus amigos e familiares. Os Guardiões Maria Mulambo e Tiriri se mantiveram no evento durante todo o tempo, porém, o Exu prevendo a possível presença do mago negro no velório, colocou sua equipe de especialistas militares em prontidão para controlar qualquer eventualidade; o Exu sabia do perigo de ter um espírito no grau de periculosidade de Serghal andando sobre a superfície terena, especialmente dentro de um cemitério.

Antes de amanhecer o dia, enquanto os parentes da secretária circulavam de um lado para o outro no saguão do velório e pela calçada em busca de algum lugar para tomar uma bebida e aguentar o sono até o enterro do corpo, alguns dos mensageiros de Mustafá haviam escapado do cerco da equipe de Mulambo e acompanhavam os encarnados usufruindo da bebida e cigarros consumidos por eles. Para garantir a segurança dos transeuntes, alguns Guardiões da equipe Tiriri monitoravam o movimento dos sombrios, mas outra equipe cuidava especialmente da entrada principal do cemitério, porém, sua função era somente o monitoramento do ambiente, não havia autorização para combater a entrada de espíritos.

Era exatamente 4 horas da madrugada terrena; um grupo de espíritos sombrios liderados por um senhor de aproximadamente 2,5 metros de altura se aproximou do portão principal, onde não havia nenhuma segurança, e, sem pedir licença, adentrou a calunga em busca de material vital.

Nesse momento a equipe de especialista se aproximou do grupo e, sem que os espíritos sombrios pudessem notar sua presença, os Tiriris começaram a colocar microrrastreadores em seus corpos astrais, exceto em Serghal, que, por ser um feiticeiro muito experiente, poderia sentir a presença de qualquer material em seu corpo, por mais sutil que fosse o artefato.

Os espíritos que acompanhavam o mago negro detectaram a presença dos sombrios de Mustafá no cemitério e ali começou uma intensa confusão. Os que já estavam lá reivindicavam o lugar e não permitiam concorrência, até que Serghal se aproximou e, com um traço mágico desenhado no ar, os arremessou para longe do cemitério, entregando-os então para seus mensageiros malignos.

Mulambo e Tiriri permaneciam tranquilos acompanhando tudo de perto, esperando os especialistas terminarem o trabalho de colocação dos rastreadores nos espíritos sombrios, para começar expulsá-los da calunga.

Quando o último microchip foi colocado no corpo astral do mensageiro negro, o chefe da falange que estava a trabalhar, senhor Exu Tiriri sacou seu punhal, riscou no chão da calunga e deixou sair uma fortuita gargalhada. Muitos espíritos que estavam perambulando pela calunga, que não faziam parte de nenhuma das equipes, caíram desacordados, alguns foram resgatados por seus parentes espirituais que já os acompanhavam havia muito tempo, à espera de uma chance de os recolherem, e muitos outros que estavam insanos começaram ter certo entendimento de seu estado de desencarnado.

No momento da risada do senhor Exu Tiriri, Serghal tomou um imenso susto e imediatamente levantou voo, largando para trás boa parte de sua equipe, especialmente os espíritos que tinham dificuldade em locomoção através da volitação, esses foram aprisionados e certamente sairão da vida do crime, ainda que, por força de encarnações forçadas ou exposição extrema à luz do sol, que, ao bater sistematicamente no espírito sombrio, queima as larvas astrais que lhes fornecem as energias negativas que agem como força motora impulsionando-o para que continue se envolvendo cada vez mais com o crime.

E, quando esses vermes são dizimados, em alguns casos o espírito fica tão debilitado, que se impossibilita cometer novos delitos. Normalmente, os espíritos mensageiros da organização que cuida das reencarnações, usam esse procedimento para enxugar o ego do ser que está sendo preparado para nova incursão na carne.

É exatamente por conta de sua excessiva negatividade que os espíritos envolvidos com magia negra dão preferência à noite para desenvolver seus trabalhos de demanda; usam as sobras noturnas exatamente para preservar sua negatividade em alta, energia negativa é o combustível que acelera e dá força ao feitiço.

Serghal sabia do perigo que havia se colocado em invadir aquele cemitério, mas sua arrogância não o deixava raciocinar naturalmente, ele necessitava de porções grandes de ectoplasma e naquele lugar estava sendo velada uma de suas vítimas. Então era bem mais fácil do que invadir outros ambientes e correr o risco de se encontrar com uma patrulha de Guardiões.

Entretanto, o feiticeiro também tinha perfeita consciência de que o assassinato de Claudine não passaria despercebido pelos defensores da Lei Maior, a qual ele dava pouca ou nenhuma importância. Sabia também que seria preso a qualquer momento, pois quem vive fora dos parâmetros da justiça não tem outro caminho se não os rigores de uma prisão.

Quando o mago negro alçou voou deixando para trás uma parte de sua falange, sabia que muitos deles seriam presos e que outros com grau avançado de insanidade seriam salvos pelos mensageiros da luz. Ele sabia que alguns dos prisioneiros, ao caírem em seu estado normal de consciência, entenderiam a gravidade dos crimes que praticaram e, certamente, virariam delatores e levariam os Exus a alguns de seus laboratórios que operam na crosta terrestre.

Mas Serghal quase nunca estava em algum desses laboratórios, normalmente quem permanece nesses endereços são os novos cientistas recrutados. Essas equipes são formadas normalmente por cientistas frustrados em seus projetos e que sequer sabem que desencarnaram, acham que estão trabalhando normalmente e que à noite retornarão para suas casas, mas como seu mental está dominado pela hipnose de Serghal, demoram décadas de anos terrenos para perceberem que não são mais viventes. Alguns se revoltam e saem andando simplesmente sem destino procurando suas famílias, que normalmente já se encontram com outra configuração. Seus filhos, em muitos casos, já são adultos e nem moram mais na mesma casa, mas eles somente se lembram da fisionomia deles quando ainda eram crianças, inibindo assim uma ação de assédio promovido pelo espírito do pai ou da mãe que retorna ao antigo lar anos após desencarnar. Muitos desses espíritos perambulam certo tempo e depois acabam sendo resgatados pelos mensageiros da luz que trabalham incessantemente no auxílio a esses seres.

Para Serghal nada disso importava, ele havia recebido uma escrava nova em seu reino e era hora de usufruir do presente. Enquanto o mago estava andando pela superfície, juntamente com seu bando em busca de poções de ectoplasma, a equipe responsável pela prisão e transporte de Claudine chega com ela no reino da maldade, mais especificamente, na cidade das ilusões.

Com a chegada da secretária houve uma mudança de posicionamento na equipe do mago negro, mulheres foram remanejadas e algumas escravas foram libertadas após anos de servidão, pois elas já não tinham mais o que oferecer ao chefe.

Entretanto, a situação de Claudine era diferente e bem mais complexa, ela seria escrava sexual de Serghal, que era dono de um apetite incontrolável e insaciável. Enfim, essa foi uma escolha da secretária e, certamente, pagaria alto preço por sua busca insana por poder e dinheiro quando estava vivente. Na cidade das ilusões o tempo não passa, não há marcador regular que determine em que época se está vivendo. Em algumas colônias espirituais já existem marcadores de tempo que se assemelham aos contadores do planeta Terra; desde que essa colônia faça parte do sistema planetário, é possível ter como parâmetro os dias terrenos.

Mas, na cidade das ilusões não existia contagem do tempo por conta da escuridão constante; dessa forma, ninguém poderia determinar quanto Claudine ficaria escrava. Foi esse o principal motivo que levou Exu Mirim a implantar microrrastreadores no corpo astral dos integrantes da falange de Serghal, para que as autoridades espirituais pudessem acompanhar o desenvolvimento do caso e quanto tempo Claudine havia permanecido como escrava, pois esse fator influenciaria no julgamento e na futura pena que seria imposta ao mago negro.

11º. Mulambo acompanha Claudine a distância

Pouco tempo depois de chegar à cidade das ilusões, o Exu Mirim começou a enviar sinais à central de segurança no castelo de Maria Mulambo e uma equipe de especialistas em baixo etéreo começou a mapear os sinais, na tentativa de localizar em que ponto da dimensão umbrálica habitava Serghal, sem dúvida um criminoso cruel e bem-sucedido na baixa feitiçaria. Mulambo mantinha especial interesse por esse caso e sabia que certa hora teria um encontro com Serghal, a quem já conhecia de outras encarnações.

10. Considerações do Autor

Ela se lembrava com clareza de quando o conheceu, naquela existência ele habitou um corpo feminino que atuava como aborteira em uma região pobre do Oriente Médio. Na época em que a Guardiã começou a acompanhar os atos daquele espírito, ele já habitava aquele corpo envelhecido e já havia praticado tantos crimes, que chamou a atenção do comando planetário, o qual o julgou culpado ainda quando encarnado e o condenou.

Como castigo, perdeu o direito a ter um útero e, depois que desencarnou, esperou muito tempo para retornar ao planeta. Quando teve a chance de encarnar, nasceu uma mulher em um corpo masculino, dessa vez encarnou na Europa fazendo parte de um clã cigano e novamente se encaminhou pelo mundo do crime e praticou muitos abortos novamente. Tornou-se um *serial killer* que atacava e matava as mulheres grávidas que cruzaram seus caminhos. Aquele espírito sempre fora contra a vida.

Então, acabou descoberto e executado pelo comandante do clã e seu corpo foi exposto até a total decomposição para que servisse de exemplo a futuros assassinos. Nessa época, o espírito Maria Mulambo estava desencarnado e já executava trabalhos de proteção às mulheres vitimadas pelo algoz. Quando o espírito executado recobrou seu sentido, revoltou-se com a maneira como se deu seu desencarne e começou a mergulhar cada vez mais em seu padrão vibratório, tornando-se em pouco tempo uma referência entre os criminosos do baixo etéreo. Ele comanda uma imensa falange e tem pretensões em ocupar cargos mais elevados nas dimensões menos iluminadas do sistema planetário.

Entretanto, ele certamente cairá em decadência quando alçar voo em direção ao posto de dragão, que normalmente é ocupado por seres comprometidos com a Lei Divina e obedecem fielmente os comandos do mestre maior.

12º. Serghal com Claudine

Serghal finalmente retorna para seu reino depois de uma temporada andando pela superfície; enquanto isso, Claudine era tratada como rainha da cidade das ilusões à espera do chefe que havia ido ao enterro de seu corpo e, por pouco, não acaba preso pelo Exu Tiriri.

Claudine estava sob os efeitos da hipnose de Serghal e nem imaginava o que estava por vir, até que, em determinado momento, uma figura horripilante em forma de lagarto vestindo uma capa negra adentrou o aposento da secretária e, sem nenhum aviso prévio, foi arrancando violentamente sua roupa e estuprando-a seguidamente e lhe espancando durante um período em que não podemos mensurar por causa da ausência de marcador do tempo na cidade das ilusões. Serghal gostava de se fantasiar de reptiliano e parecer mais poderoso do que realmente era para seus subordinados.

Claudine continuava sendo torturada pelo feiticeiro; durante muito tempo o lagarto acoplou na moça e andava pelo reino exibindo seu imenso órgão sexual penetrado no órgão da nova escrava, que, ao receber tal carga energética, sentia dores insuportáveis e gritava desesperadamente pedindo socorro.

Ela definhava muito rapidamente, pois a penetração do órgão sexual do mago negro em seu corpo astral não servia apenas para provocar prazer no indivíduo, mas também para roubar as energias da secretária, que, após algum tempo carregando aquele imenso lagarto acoplado em si, já não tinha nenhuma reserva energética, estava absolutamente debilitada e o réptil não lhe deixava um instante sequer, sem que aquele descomunal objeto sexual não houvesse penetrado em suas entranhas.

A situação para a secretária Claudine era desesperadora. Entretanto, fora ela quem criou aquele cenário. Mulambo acompanhava o sofrimento daquela jovem por meio das informações recebidas pelo agente especial do comando planetário, Exu Mirim, que acompanhava tudo muito de perto e enviava imagem e áudios, testemunhando o desespero da escrava que se encontrava naquela cidade escura sob as torturas iniciais do mago negro Serghal.

E, como se não bastasse andar com um réptil de tamanho descomunal acoplado em tempo integral, Claudine era obrigada a ingerir um líquido amargo, que foi desenvolvido pelo grupo de cientistas subordinados do feiticeiro, que supera em milhares de vezes o sabor que existe no plano físico. Claudine estava sendo submetida a uma situação extremamente dolorosa.

Porém, quando teve acesso às imagens que chegavam do baixo etéreo, Mulambo resolveu que deveria agir imediatamente para tirar sua menina daquele lugar. Então, a Pombagira recomendou à sua equipe que descobrisse uma maneira de tirar sua moça daquele sofrimento o mais breve possível. Todavia, era necessário esperar as ordens do comando da luz autorizando a entrada do grupamento de Guardiões no reino do feiticeiro.

Enquanto esperava a ordem do comando da luz para invadir a cidade escura, ela acompanhava todos os acontecimentos no reino do mago negro por meio de aparelhos de alta tecnologia, com as imagens enviadas em tempo real pelo Exu Mirim.

Mulambo permanecia conectada àquele lugar desde que o Exuzinho enviou as primeiras imagens de sua filha Claudine chegando à cidade de Serghal e, posteriormente, sendo submetida a seu julgo e, por fim, violentada e torturada impiedosamente por ele e seus párias.

A ordem expedida pelo comando da luz ainda não havia chegado ao reino de Mulambo. O tempo passava lentamente e na contagem dela já haviam se passado 1.200 horas terra, o equivalente a 50 dias de tortura ininterrupta imposta à secretária, ou seja, o mago negro estava estuprando-a seguidamente durante todo esse tempo sem nenhuma interrupção.

As imagens armazenadas nos computadores da organização Maria Mulambo mostravam Claudine já bem debilitada, não se parecia mais com aquela moça forte, bonita, de porte físico avantajado. O que aparecia agora era uma mulher magra, com enormes manchas na aura; em seu corpo apareciam as marcas das unhas do lagarto que permaneciam fincadas em seus seios, bem vomo as manchas nas costas provocadas pelas mordidas do algoz.

Os áudios que chegavam aos computadores da organização davam conta de um sofrimento insuportável, os gritos da secretária denunciavam o horror que estava vivendo no reino de Serghal. Este, por sua vez, para demonstrar poder, reunia alguns comparsas e exibiu sua torturada como se fora um troféu, querendo mostrar para seus asseclas que a magia negra valia à pena. Durante essas exibições ele permanecia copulando a secretária, que em alguns momentos acabava perdendo o sentido e desmaiava. Entretanto, o lagarto não ligava para o evento e continuava estuprando-a como se tivera acordada.

Quando Claudine acordava, começava a sessão de gritos e desespero, mas sua força interior era insuficiente para que alguém lhe ouvisse do outro lado da mansão.

Ninguém detectava sua presença naquela parte do Universo, porque seu padrão vibratório havia alcançado um nível extremamente baixo, a ponto de estar alinhado unilateralmente com a frequência vibratória de Serghal. Após 60 dias estuprando Claudine, o lagarto colocou fim na sessão de acasalamento, e devolveu a secretária em seu quarto em um estado de inconsciência e completo esgotamento energético. Mas, quando o mago negro terminou sua tortura particular, liberou o acesso à moça para que seus subordinados também usufruíssem da escrava. A notícia se espalhou e formou-se então uma fila na porta do quarto em que se encontrava Claudine; estava começando então uma nova etapa de sofrimento para a secretária, que em seus lamentos implorava pela morte como forma de se livrar daqueles marginais, ela gritava desesperadamente pedindo socorro a José Carlos.

A cada espírito que entrava no quarto ocupado por Claudine, os moradores do reino ouviam os gritos dela, sendo violentada pelos comparsas do mago negro Serghal, portadores de imensos órgãos sexuais, característica comum entre os espíritos viciados em sexo, que exibem esses órgãos como se fossem virtudes. Porém, o sofrimento daquela jovem inconsequente, que movida pela ambição se envolveu com a magia negra, certamente não ficaria simplesmente na escravidão sexual, torturas piores estavam por vir a seu encontro.

Enquanto os seguidores de Serghal continuavam estuprando a secretária, Exu Mirim seguia mapeando a cidade das ilusões, enviando as imagens e informações que eram imediatamente armazenados nos computadores da instituição Maria Mulambo, onde a chefe dessa organização estava preparando vasta documentação para denunciar o mago negro às autoridades planetárias e pedir permissão para executar o resgate de Claudine, que se encontrava em uma parte do Universo de difícil acesso e localização.

Entretanto, os especialistas da organização Mulambo estavam bem adiantados nas pesquisas para determinar a localidade exata que se encontrava o reino maldito. Eles já sabiam que o esconderijo do mago ficava fora do território brasileiro, tendo sua entrada principal pelas profundezas do oceano atlântico no Caribe, mais precisamente no Estado cubano de Varadero, controlado por uma falange de lagartos gigantes alinhados e obedientes a Serghal.

Os especialistas também descobriram que existe outro acesso para o reino maldito, que somente é usado por sua majestade, o lagarto. Essa entrada secreta se encontra precisamente no estado norte americano de Miami e também fica em uma região abissal onde a navegação é restrita e somente embarcações submarinas transitam naquela parte do oceano. O portal dá acesso justamente à cidade das ilusões, onde está localizado o castelo de Serghal.

Todavia, esse portal é guardado por uma falange de espectros de altíssima periculosidade, leais ao rei maior, Serghal. Essa espécie de espírito é muito antiga, vive mergulhada na ignorância de consciência, há muitos séculos não encarnam e, muitos deles, já perderam completamente as características humanas e também gostam de usar as formas reptilianas. Assemelham-se a iguanas gigantes; eles são enormes, alguns chegam a medir 8 metros de comprimento, são os reptilianos do baixo etéreo, porém, é vetado a todos os espíritos marginais o uso da imagem de serpente ou asas angelicais, característica exclusiva do príncipe das sombras.

Fora do baixo etéreo, no reino de Mulambo, os estudos sobre onde se encontrava precisamente o reino de Serghal estavam bem adiantados. Agora sabendo por onde a equipe de Guardiões poderia entrar, só restava aos especialistas analisarem com minúcias as informações fornecidas por Exu Mirim, que certamente chegariam ao ponto exato do baixo etéreo onde se encontra energeticamente a cidade das ilusões e mais precisamente o castelo do rei lagarto, de onde terão que resgatar Claudine.

Enquanto os cientistas da equipe Mulambo analisam as imagens e sons enviados por Exu Mirim, na tentativa de traçar a rota exata feita pela imagem, um grupo de executivos prepara a documentação que será entregue ao comando planetário, pedindo clemência para a secretária e autorização para que seja executado o resgate imediatamente.

Entretanto, o trabalho da espiritualidade não alcançava sucesso apenas no astral, no mundo físico também estava acontecendo um esforço gigantesco para que fosse retomada a normalidade na vida dos encarnados atingidos pela insanidade de Claudine.

13º. MORGANA

Após assumir o posto de secretária do marido, Morgana fora intuída a manter um vaso com pétalas de rosas vermelhas sobre sua mesa; dessa forma, manteria sua Pombagira conectada e seria mais difícil ser assediada por espíritos sombrios.

A esposa de José Carlos então, inconscientemente, começou a cultivar em sua mesa um lindo vaso com rosas. Sempre que ela chega à empresa recebe um abraço carinhoso de sua Guardiã protetora, isso fortalece seu campo vibratório, elevando sua frequência a níveis inalcançáveis pelos espíritos negativos, aumentando assim sua autoestima e proporcionando elevado grau de felicidade.

O gesto de Morgana, colocando rosas em sua sala, acabou despertando interesse em outras secretárias, que começaram a enfeitar suas mesas de trabalho com flores. Sem que elas percebessem, acabaram transformando o escritório em um lugar harmonioso, cheio de fluidos positivos impossibilitando, assim, a permanência de espírito contaminado naquele ambiente.

Mulambo acompanhava com atenção o resultado do trabalho que fizera juntamente com o Exu Tiriri para limpar os caminhos daquele casal vitimado pela inveja e inconsequência de Claudine. Realmente, o ambiente físico estava bem harmonizado, era notória a total mudança de comportamento dos funcionários de José Carlos sem a presença ansiosa de Claudine. Os funcionários trabalhavam de maneira harmoniosa e gostavam da gestão de Morgana, que havia mudado completamente a rotina na empresa, oferecendo melhores condições para que os funcionários desenvolvessem suas funções.

José Carlos e Morgana, depois que organizaram a empresa, passaram a trabalhar somente meio período; aproveitavam as tardes livres para passear. Entretanto, paralelamente, desenvolviam um trabalho voluntário em uma instituição para jovens carentes. Essa foi a maneira encontrada por Morgana para manter-se junto ao marido e permanecer alheia a Claudine e Júlio, que não mais havia lhe procurado, mesmo porque, antes dos acontecimentos, ele era amigo de José Carlos e não nutria nenhuma simpatia por ela. Aquela aproximação se deu exclusivamente por força dos feitiços do mago negro Serghal e o trabalho de assédio dos espíritos sombrios da falange de Mustafá.

14º. JÚLIO

Maria Mulambo também acompanhava os passos de Júlio, pois ele foi envolvido na trama para desmanchar o casamento de seu amigo e o colocar livre para Claudine, porém, tudo que fazemos deixa sequelas que temos de carregar; algumas delas levaremos conosco por longos períodos. Júlio não pode ser considerado inocente nessa trama, pois ele conscientemente assumiu o risco de perder o amigo ao se envolver com sua esposa. O relacionamento conturbado com Morgana acarretou verdadeira desordem em sua vida; logo após ter provocado uma revirada na vida dela, praticamente destruindo seu matrimônio com José Carlos. Depois de perder seu amigo de infância, ficou sem nenhum ambiente na capital gaúcha e se mudou para o Rio de Janeiro, onde conheceu uma moça conterrânea também recém-chegada na cidade; começaram então a namorar e se casaram em pouco tempo. No entanto, sua consciência continua o acusando e, sempre que ele viaja à cidade de Porto Alegre, tenta se desculpar com José Carlos, que prefere manter distância do ex-amigo.

Júlio está vivendo na cidade do Rio de Janeiro apenas para ficar longe dos amigos, que abominam sua atitude para com José Carlos, porém, como sabemos que atos feitos causam efeitos, ele não passou despercebido pela lei do retorno e adquiriu uma depressão da qual não consegue se livrar. Por conta disso, faz uso constante de bebidas alcoólicas e, consequentemente, acaba atraindo muitos espíritos assediadores que fomentam seu vício e intuem-no a se envolver com prostituição, jogos e outros ilícitos.

Júlio não era um espírito inimigo de Morgana, tampouco de José Carlos; entrou na trama de Claudine assediado pelo grupo de Mustafá. Ele se comprometeu pouco com o evento na casa de Morgana, mas seu castigo já estava em curso: perdeu seu melhor amigo, não desfrutava mais da confiança dos conhecidos, teve de mudar da cidade que amava e de conviver com a desconfiança de que a esposa o está traindo; essas são as intuições malévolas que seus companheiros desencarnados lhe implantaram no mental e que o atormentam em período integral. Esse será o preço que ele há de pagar pela inconsequência de se envolver com a esposa do amigo.

Mulambo acompanha bem atenta ao desenrolar dessa trama, porém, dá uma atenção especial à situação de Claudine, que estava sendo tortura em tempo integral na cidade das ilusões, todavia, a Pombagira prepara uma grande operação para resgatar sua filha rebelde, basta os cientistas confirmarem o ponto exato onde se esconde o mago negro, que havia cessado as sessões de tortura sexual, mas agora dava seguimento em nova forma, era o início da destruição mental. Nessa fase que se iniciara, o mago plasmou uma tela no ambiente onde se encontrava recolhida a secretária e, constantemente, projetava imagens de cópias espirituais de José Carlos e Morgana vivendo momentos de felicidade, dava ênfase ao instante em que eles mantinham as relações sexuais. Serghal sabia do sofrimento que a moça havia passado sob suas sessões de tortura e suportou a tudo que lhe impôs, mas assistir a seu amado nos braços de Morgana certamente lhe machucaria muito mais que qualquer outra coisa.

Entretanto, o casal que se insinuava na tela nada tinha a ver com José Carlos e Morgana, tratava-se simplesmente de dois espectros travestidos com falsa roupagem do casal encarnado, artifício usado pelo feiticeiro para destruir por completo o ego e a autoestima de Claudine antes que fosse obrigado a libertá-la.

Assistindo àquelas cenas, a secretária mergulhava cada dia mais para baixo, comprometendo seu padrão vibratório, o que dificultava o acesso do Exu Mirim a seu mental. Mesmo assim, ele acompanhava seu drama e enviava notícias para o castelo de Mulambo, onde era verificada a autenticidade das informações e os documentos seriam anexados ao pedido de clemência de Claudine, que a organização pretendia enviar ao comando planetário.

Entretanto, só era possível o Exu Mirim entrar em seu mental, quando a secretária melhorasse seu padrão vibratório, entendendo que cometeu um erro ao se envolver no trabalho de magia negra. Mas, a maior dificuldade estava justamente no acesso àquela mente, o Exu Mirim havia perdido a sintonia que construiu com ela logo após Serghal mudar o nível de tortura sexual para tormentá-la psicológica e Claudine baixar ainda mais o padrão vibratório.

Entretanto, o Mirim continuava rondando o ambiente em busca de informações que possibilitassem à equipe Mulambo sua localização mais precisa.

Todavia, o moleque não desistia de sua missão; mesmo tendo de se locomover no ambiente denso do baixo etéreo, ele não descansava, queria resolver rápido o caso e sair daquele lugar sinistro onde a noite é infinita e gelada.

Para isso, era necessário localizar com exatidão o ponto em que se encontra o Reino de Serghal e mais especificamente seu castelo na cidade das ilusões. Para que ele pudesse transmitir a imagem de Claudine era fundamental que ela se deixasse mostrar, mas por conta do baixíssimo padrão vibratório em que havia mergulhado, somente uma sombra era possível ser detectada; portanto, ela naquela forma não seria reconhecida pela equipe de Guardiões que fariam seu resgate.

A contar pelo tempo terreno, já havia se passado 27 meses que a moça estava na condição de desencarnada sequestrada e os Exus não encontravam um jeito de lhe tirar do domínio do mago negro, pois não tinha a exata localização da cidade astral. Uma falange de Exus mirins se revezava para auxiliar no resgate, mas era em vão porque o padrão vibratório de Claudine era cada vez mais baixo e seu ódio crescia cada vez que assistia aos clones de José Carlos e Morgana envolvidos em uma relação sexual, isso lhe distanciava cada vez mais de um possível resgate. Claudine havia se livrado das torturas físicas impostas por Serghal, mas a todo momento chegavam escravos novos no reino do mago negro. Era comum ele andar em forma de lagarto acoplado em belas mulheres, exibindo-as para seus comparsas como troféu.

10. Considerações do Autor

Os Mirins presenciaram todas as atrocidades do feiticeiro, tomavam nota de tudo que era possível e enviavam para o centro de controle da organização Maria Mulambo, que estava com a documentação pronta esperando apenas que a moça permitisse ser localizada com exatidão para que o pedido fosse protocolado no tribunal do alto comando.

Em tempo terreno, já havia se passado 36 meses da morte física de Claudine, quando ela foi identificada por um Erê que havia se infiltrado em uma equipe do mago negro, que desenvolvia uma demanda na crosta. Um deles se descuidou, bebeu álcool em excesso e acabou falando demais e isso possibilitou ao Erê passar as informações para seus amigos Mirins, que repassaram imediatamente à organização para que fosse checada a autenticidade.

Com tal informação, os cientistas de Mulambo conseguiram rastrear e localizar o ponto exato do baixo etéreo onde Serghal instalou seu quartel-general; então a equipe comunicou à Pombagira chefe daquela organização o sucesso da equipe, que logicamente contou com a ajuda fundamental do Erê.

O reino de Serghal encontra-se escondido em uma zona abissal de difícil acesso, e uma poderosa onda eletromagnética impossibilita sua localização pelos radares das colônias espirituais, de onde é feito o monitoramento de reinos e cidades dominadas pelas mentes criminosas do baixo etéreo e as informações são levadas ao comando supremo Exus de Lei, que distribuem os processos e mandados de prisão para as organizações afiliadas de acordo com a condição e disponibilidade que a instituição dispuser para executar a retenção do espírito criminoso, ou resgatar o ser que se encontra sequestrado.

Quando recebeu a confirmação de que sua equipe havia alcançado sucesso e localizado a cidade das ilusões, rapidamente Mulambo acionou sua equipe de advogados e pediu que entrasse com o pedido de clemência de Claudine o mais rápido que pudesse. Ela sabia que o sofrimento da moça havia ultrapassado a barreira do suportável pelo espírito humano normal e, certamente, ela devia ter aprendido que a magia negra não compensa e seus praticantes não têm piedade de ninguém.

Mulambo sabe que não é possível um espírito aprender todas as regras humanas em uma única encarnação, mesmo porque a evolução é o veículo que nos conduz por caminhos menos dolorosos e, certamente, com Claudine não poderia ser diferente; ela terá tempo para corrigir seu comportamento inadequado e dominar seu instinto ambicioso. A Pombagira expressou então uma ordem à sua equipe, para que agisse dentro da lei e que sua filha fosse resgatada o mais breve possível.

15º. OPERAÇÃO RESGATE

Com ordem da chefe da falange para que fosse executado imediatamente o resgate de Claudine, as equipes da organização se mobilizaram para montar a estratégia perfeita e entrar no reino de Serghal sem ter de fazer uso de força militar.

Entretanto, a equipe de logística ainda estava finalizando o percurso que os Guardiões deveriam fazer. Precisava saber por quantas encruzilhadas o comboio passaria e quem eram os chefes que respondiam por esses campos energéticos, para que os diplomatas da organização fizessem contatos com tais líderes desses pontos e pudessem adquirir autorização para que o comboio de Mulambo conseguisse transpor essas encruzilhadas, que são extremamente perigosas, pois elas levam a uma região periférica do baixo etéreo, dominada por espíritos de péssima reputação.

Com a estratégia de resgate traçada, estudada e minuciosamente aprovada pelos especialistas militares da equipe de Guardiões, com o mapa do reino de Serghal em mãos e o exato trajeto que a equipe faria em busca de Claudine, portando as devidas autorizações dos chefes das encruzilhadas a serem transpostas, os advogados da instituição impetraram o pedido de clemência assinado pela Pombagira Maria Mulambo, em que estava escrito o seguinte texto:

"Piedosamente, eu intercedo ao comando em favor do resgate de minha filha inconsequente, que se encontra sequestrada na cidade das ilusões sob o julgo do mago negro Serghal".

Enquanto a equipe Mulambo se movimentava para dar início ao resgate da secretária, o Mirim continuava enviando imagens do ambiente na cidade das ilusões e vasculhando qualquer informação que fosse útil naquele momento, pois o Exuzinho havia interceptado um canal de comunicação entre Serghal e outro feiticeiro sombrio, em que eles combinavam uma parceria na construção de uma demanda para derrubar um chefe de Estado do continente americano.

Serghal deixou escapar para o comparsa que o trabalho havia sido encomendado por seu sucessor direto. O feiticeiro também chamou a atenção do colega de crime para o fato de que, dando certo tal demanda, eles se tornariam famosos no meio político do continente, pois o esquema que pretendia montar no governo deveria espalhar o caos no país a ponto de provocar a queda do atual mandatário, e seu sucessor tomando posse, ficaria sob seu domínio e quem governaria o país seria ele. Exu Mirim permanecia atento ás conversas e atitudes do lagarto, e continuava enviando todos esses dados, que seriam armazenados nos computadores da organização Maria Mulambo e usados posteriormente no processo do pedido de reclusão ao que Serghal seria submetido.

Pouco tempo após dar entrada no pedido de resgate da moça, a Pombagira chefe da organização recebeu a visita de um comissário do alto comando do concílio de Exus informando-lhe que seu pedido havia sido aceito e sua equipe estava autorizada a iniciar a operação. Colocava também à sua disposição veículos e força de segurança do conselho com o número de agentes que fosse necessário.

Mulambo emitiu uma nota de satisfação e pediu ao secretário que transmitisse seus agradecimentos aos comandantes.

Entretanto, ela começava a ficar apreensiva com a operação, afinal, estava prestes a entrar em uma parte perigosa do universo onde a lei nem sempre é respeitada. É um ambiente repleto de espíritos marginais que não se atêm à observância de condutas. Mesmo, ela sabendo da capacidade técnica de sua equipe, havia uma tensão natural, pois se iniciava um processo para resgatar o espírito de um reino totalmente desconhecido por aquela organização.

Mulambo sabia das dificuldades que a equipe encontraria durante o trajeto e de como seria difícil também retornar desse lugar; por se tratar de uma região muito distante da superfície, seria praticamente impossível à equipe não ser notada pelos espectros. Esses espíritos são de alta periculosidade e fazem qualquer coisa para agradar seus chefes e ganharem algumas migalhas em troca, por isso a chefe da organização estava muito apreensiva, torcendo para que tudo fosse resolvido o mais breve possível.

Na última reunião com seus Guardiões, antes que eles iniciassem a incursão no umbral, ela pediu o máximo de cuidado durante o trajeto; determinou que fossem gentis com os escravos dos Exus de Lei que cuidam das encruzilhadas, demonstrando respeito e gratidão por permitirem a passagem do comboio. Após a reunião foi servido um jantar para os Guardiões, enquanto seus veículos eram abastecidos com provisões para manter a equipe confortavelmente alimentada. No veículo havia tudo de que precisavam, exceto bebidas alcoólicas, essa seria servida na festa quando retornassem com Claudine.

Enquanto os militares se preparavam para penetrar na noite infinita do baixo etéreo em busca da secretária, Exu Mirim continuava vasculhando o reino de Serghal, armazenando informações e ansioso para ver a equipe de Mulambo chegar, destruir o castelo do lagarto e resgatar o que havia sobrado daquela mulher espetacular que fora Claudine.

Enquanto os soldados Mulambo não chegavam, os moleques aproveitavam para mapear a cidade das ilusões e, especialmente, o castelo do Rei Lagarto, que andava pelos corredores da suntuosa construção, sempre acoplado a uma escrava sexual, mulher que, como Claudine, incorreu no erro de buscar suas conquistas através da magia negra.

Enquanto Exu Mirim estava rastreando o castelo e enviando as imagens para a organização Maria Mulambo, a equipe de resgate dava início à incursão e penetrava na noite profunda do etéreo perigoso em busca da filha da chefe.

A equipe de militares que penetraria no baixo etéreo era formada por um comboio de três veículos com capacidade para transportar confortavelmente 70 soldados, um condutor seu auxiliar e sobravam dois lugares na cabine de controle onde normalmente eram transportados os convidados ou a chefe. Nessa missão foram convidados especialmente cinco especialistas da equipe do comandante LUZ NEGRA, todos com vasta experiência de missões no etéreo denso, porém, esses senhores desempenhavam apenas o papel de observadores especiais no intuito de garantir que todos os direitos dos comparsas de Serghal que não resistissem à prisão e se entregassem pacificamente fossem rigorosamente respeitados.

Todavia, acompanhando o comboio havia um veículo do comandante Luz Negra, que seguia desocupado, pronto para transportar possíveis prisioneiros durante o percurso. Ele conhece bem os habitantes das sombras e sabe que em uma incursão de Exus em missão de resgate sempre se encontra resistência e, inevitavelmente, há algum tipo de confronto entre os grupos. Prevendo esses eventos o comandante organizou uma equipe de apoio, contatou a chefe da organização comunicando a presença de seus auxiliares, expondo as determinações que havia passado para os guardiões que acompanhariam a equipe da Pombagira. Ela então agradeceu o apoio, emitindo em seguida um comunicado à sua equipe e deu boas-vindas ao grupamento Luz Negra, que juntamente com seus militares já se encontrava deslizando para o embaixo rumo ao abismo vibratório onde está escondido o castelo de Serghal.

As equipes de Guardiões se aproximam da região abissal onde se localiza o portal que dá acesso à primeira encruzilhada energética do penumbral. Ao se aproximar desse ponto, os veículos foram cercados por um grupo de espíritos sombrios, que procuravam alguma coisa para roubar a fim de manter seus vícios, porém, esse grupo era inofensivo à equipe Mulambo, que continha 210 policiais de elite distribuídos nos veículos, portando armamento pesado o suficiente para imobilizar milhares de espíritos ao mesmo tempo.

Os veículos do comboio também dispõem de dispositivos externos capazes de afastar ou imobilizar os desordeiros, que na primeira descarga elétrica muitos desmaiaram, enquanto outros saíram correndo desobstruindo a passagem da comitiva. Entretanto, a equipe sabia que novas dificuldades surgiriam pelo percurso, mas estava tudo dentro do esperado. É sabido que naquela região do umbral habitam muitos espíritos viciados vivendo em um nível de entendimento tão atrasado que não sabem nem que estão desencarnados; por isso, tornam-se presas fáceis para alguns criminosos com grau de consciência mais elevado, que os escravizam e exploram seus serviços nas pequenas demandas terrenas.

Alguns são simplesmente colocados dentro de casas para assustar moradores encarnados e usufruir de alguma forma da alimentação ou bebida deles. A simples presença desses seres acaba com a paz do ambiente, causando conflitos entre os moradores. Aí, então com a desarmonia instalada na casa, os espíritos maldosos se aproximam, tiram-lhe virtuosas doses de ectoplasma, vendem aos magos negros e esses desenvolvem seus trabalhos de feitiçaria.

Com a reação sistêmica da equipe Mulambo e com a debandada dos espíritos marginais, o comboio seguiu viagem rumo à escuridão em busca de Claudine, que a essa altura se encontrava esquecida dentro de um quarto escuro equipado apenas com uma enorme tela na parede onde ela assistia em tempo integral às imagens dos espectros representando José Carlos e Morgana se amando.

Entretanto, ela não sofria mais com os estupros de Serghal ou de seus subordinados, que estavam proibidos de se aproximar dela, resultado do trabalho do Exu Mirim, que conseguiu despertar em Serghal um sentimento de posse por Claudine, então não queria que seus comparsas se aproximassem de sua escrava.

De certa forma, isso diminuiu o sofrimento da moça, mas abriu um precedente bem maior para que o lagarto dificultasse sua libertação, foi justamente por isso que a Pombagira pediu que sua equipe apressasse o resgate, ela sabia que a consequência de tal sentimento era que Claudine não seria liberada espontaneamente por Serghal.

Já viajando pelas entranhas da Terra, a equipe de Mulambo havia obtido sucesso na transposição da primeira encruzilhada e em algum tempo se aproximava da segunda passagem, porém, esse ponto contava com um grupo de desordeiros maior e mais perigoso do que aquele da primeira, mas nesse lugar existe um líder que responde pelo portal de entrada para a dimensão seguinte, esse sujeito é escravo de um mago negro inimigo de Serghal e certamente, em troca de algum presente, facilitará a passagem do comboio.

Entretanto, ele conta com uma enorme falange de saqueadores espalhada pelo trajeto e, qualquer descuido do condutor, o veículo poderá ser interceptado e sequestrado por esses marginais. Esse grupo é formado por sujeitos mais inteligentes e perigosos do que a turma do primeiro umbral, eles portam armas de grosso calibre que podem danificar os veículos. Será necessária toda a atenção do comboio para evitar atritos desnecessários, o grau de confiança que esses espíritos negativos merecem é inferior a seu padrão vibratório.

Há sempre o perigo de uma missão de resgate ser atacada no baixo etéreo, onde existe uma complexa rede de comunicação entre os marginais que comandam essa parte do astral. Entretanto, os veículos usados nesse tipo de transporte são equipados com altíssima tecnologia e dispõem de dispositivos de defesa que geram ondas de choque de alta potência que nenhum espírito resistirá ao impacto de uma descarga, por menor que seja.

A frota de Mulambo é composta por veículos de contenção preparados para desbloquear caminhos interditados, portanto, a equipe estava segura do sucesso durante o percurso. Mesmo que encontrasse dificuldades para romper algumas barreiras impostas pelos marginais do baixo etéreo, as ondas de choque disparadas dos veículos da falange podem atingir ao mesmo tempo milhares de espíritos e colocá-los imobilizados simultaneamente, porém, era de suma importância a precaução, porque o reino a ser invadido era desconhecido e era exatamente por isso que se fazia necessário economizar toda energia possível.

A equipe se deslocava pelo umbral pesado, cada vez mais denso e difícil de transpor, más, conforme o combinado com a chefia, o grupo continuava enviando e recebendo imagens em tempo real. Mulambo mantinha atualizações sobre a situação de Claudine e a equipe lhe informava sobre os acontecimentos no percurso.

Enquanto na equipe de Mulambo a organização era perfeita, no reino de Serghal começava a haver mudanças de comportamento entre os membros da falange. Exu Mirim, aproveitando a ausência do feiticeiro chefe, mudou as imagens antes projetadas na tela do quarto de Claudine e as substituiu por momentos vividos juntamente com sua mãe quando era criança e adolescente.

Todavia, a secretária agora não chorava mais de raiva ou ódio pelo casal Morgana e José Carlos, mas sim de saudades de sua infância, quando era extremamente feliz ao lado de sua mãe. Com essa mudança de comportamento, o padrão vibratório da moça começou a melhorar e os efeitos ilusórios costurados por Serghal começaram a perder força.

Exu Mirim descobriu dentro da falange muitos espíritos que sofriam com profunda depressão e começou trabalhar com eles como fizera com Claudine, intensificando então o assédio aos sombrios instalando um verdadeiro caos dentro do reino do lagarto.

Serghal encontrava-se em excursão pela crosta e nada sabia sobre os acontecimentos em sua cidade. A autoconfiança era tamanha que ele não tinha olheiros nem substitutos quando se ausentava. Seu ego era grande o bastante para não gostar de dividir seu poder com ninguém, especialmente com membros de sua falange, que ele considerava um grupo de idiotas incompetentes, que acabaria em pouco tempo sem seu comando.

Serghal acha-se absoluto no baixo etéreo, sente-se superior aos demais feiticeiros sombrios e não gosta de fazer parceria porque tem suas pretensões políticas junto aos dragões. Mesmo sabendo que o triunvirato está completo e dificilmente surgirá alguma vaga, ele pretende pleitear pelo menos uma assessoria aos chefes de quem se considerava íntimo e tinha esperança de visitar o castelo do príncipe das sombras.

Enquanto o todo-poderoso mago negro se deliciava pela crosta, usufruindo o máximo dos prazeres da carne, fumando, bebendo, fazendo sexo por meio de encarnados, participando de banquetes em palácios governamentais da América, interferindo em decisões importantes intuindo seus mandatários, visitando organismos internacionais como ONU, Otan, OEA e demais organizações onde são debatidos assuntos polêmicos e tomadas decisões importantes sobre a segurança do planeta.

Enquanto ele se deliciava com tudo isso, o Exu Mirim cuidava de parte da sua falange e assim como fez com Claudine. Trabalhava em tempo integral implantando intuições e lembranças maternas no mental de cada espírito que conseguia se aproximar, desestabilizando assim o astral de muitos membros do grupo e abalando o padrão negativo do reino como um todo. O interessante era que o trabalho do Exuzinho, inexplicavelmente, provocava enorme interferência naquele lugar denso, começava a surtir efeito e alguns espíritos já ousavam questionar as ordens e atitudes do Rei Lagarto.

Mirim usava toda a sua astúcia e, quando percebeu que não havia nenhum espírito encarregado de manter a ordem na cidade das ilusões, intensificou sua ação sobre o grupo gerando um caos generalizado no ambiente. Ninguém do grupo se entendia ou obedecia às ordens, mesmo porque não havia quem as determinasse.

Foi dessa forma, dentro desse ambiente desequilibrado e caótico, que a equipe de Maria Mulambo adentrou o Reino de Serghal. O comboio estava esperando uma forte reação do exército de sombrios, que teoricamente deveria defender seu território com veemência. Entretanto, o que a equipe encontrou foi uma falange de Exu Mirim se divertindo com os espíritos sombrios e ansiosos para resgatar Claudine e entregá-la rápido para a equipe de Mulambo.

Todavia, a equipe da Pombagira não estava só. Luz Negra havia enviado observadores para acompanhar e analisar o comportamento da equipe de resgate, porém, aproveitando que aquele veículo estava vazio, o comboio de Mulambo resgatou um grupo de antigos feiticeiros que havia desencarnado e enquanto viventes teriam se comprometido com Serghal e que perambulavam insanos pela cidade das ilusões. Então os Exus de Mulambo encheram o veículo do comandante e levantaram voo, trazendo como companhia Claudine e um grupo de Exus Mirins que faziam uma imensa algazarra durante o tempo em que os veículos mergulhavam nas entranhas densas e perigosas do baixo etéreo.

Enquanto os especialistas em resgate da organização faziam o caminho de volta conduzindo Claudine, a chefe da falange preparava junto aos Pretos-Velhos um lugar para acolher e socorrer os espíritos insanos prisioneiros que iam chegar junto com sua equipe.

Entretanto, para a ex-secretária de José Carlos já havia um aposento confortavelmente preparado, onde poderia se recuperar e refletir melhor sobre seus atos e recuperar também suas energias, que haviam sido esgotadas pelo mago negro e seus comparsas.

Porém, todo o cuidado que a Pombagira estava desprendendo com Claudine ainda não fazia dela um ser extremamente confiável, era necessário que fosse vigiada sistematicamente, porque a chance de ela ter uma recaída e voltar sentir raiva de José Carlos e sofrer alterações em seu campo vibratório era muito grande. Devemos lembrar que Claudine é um espírito farsante, que requer cuidados especiais. Entretanto, a chefe da organização Maria Mulambo sabia disso e ela sabe lidar com esses espíritos com a seriedade que se faz necessário.

A organização Mulambo conta com uma equipe de psicólogos preparada para tratar esse tipo de pessoa, isso diminui a preocupação da chefe, que disponibilizou uma suíte para sua filha se recuperar do trauma sofrido nas mãos do lagarto e de seus desordeiros. Não seria Claudine a primeira mulher a se envolver com trabalhos de magia negra e nem será a última, tampouco será a única que ocupará uma suíte no castelo de Mulambo para ser submetida a tratamento mental por conta de maus-tratos sofridos nas mãos de magros negros, grupo de espíritos de alta periculosidade que domina os recôncavos do etéreo denso distribuindo maldade e imprimindo dor e desespero aos irmãos desafortunados, que, de alguma forma, cometeram algum desvio de conduta enquanto encarnado.

É exatamente por isso que existem as organizações de apoio a esses espíritos, porque assim é a Lei Divina, a qual absolutamente ninguém ficará impune perante o comando universal. Entretanto, todos terão direito a um julgamento justo, porém, para que isso se tornasse possível, o comando planetário organizou as autarquias de maneira harmoniosa para que a lei fosse executada sem privilégios, porque somos iguais perante a Lei Divina, cada ser tem seu histórico e responderá na forma da lei. E, um dos núcleos organizados pelos comandantes para que os espíritos errantes tivessem esses direitos garantidos, foi exatamente as organizações de Exus (as falanges), grupo formado por espíritos evoluídos que fazem contraponto aos magos negros, seres mergulhados na maldade, que fazem oposição ao poder divino no planeta Terra.

Esses dois grupos são importantes e mantêm o equilíbrio das forças contrárias, luz e sombras. Enquanto uma falange mergulhou rumo à escuridão em busca de lugar onde pudesse montar seus reinos e seus laboratórios para desenvolver suas demandas e montar suas equipes de espíritos rebeldes, outro grupo, que se denominou Exu, se direcionou para outro lado procurando se organizar para fazer com que o equilíbrio se mantivesse e montou uma imensa organização que mais tarde foi dividida em sete pontos de força, as sete encruzilhadas energéticas, onde acontece o movimento rotor que equilibra as forças, luz e sombras.

Essas organizações se tornaram necessárias, porque o espírito humano foi evoluindo, adquirindo conhecimentos e teve contato com poderosas forças da Natureza, e então começou manipular esses elementos a seu favor, tanto em direção ao polo negativo como para o positivo, surgindo assim o equilíbrio das forças naturais e consequentemente as práticas de magias.

Houve então a necessidade de o plano espiritual criar a organização dos Guardiões de Lei, expandindo essas ramificações nas dimensões escuras e outorgando-as a senhores e senhoras que habitam e comandam o baixo etéreo, para que eles pudessem colocar ordem e combater a maldade dos espíritos criminosos que povoam essas regiões sombrias do planeta e provocam verdadeiro desequilíbrio no astral. Em seguida, o comando planetário criou outras instituições, que se tornaram de suma importância, para manter o equilíbrio das forças espirituais.

No Universo existem muitas instituições que combatem a maldade de espíritos criminosos, uma dessas é a organização Maria Mulambo, situada em uma grande cidade astral e muito respeitada pelos comandantes, tanto do umbral quanto do comando da luz, um reinado com suntuosos palácios colocados entre a luz e a escuridão, que funciona como um pronto socorro, onde essa Pombagira recebe seus filhos necessitados de ajuda.

É nesse ambiente de paz e fraternidade que Claudine será amparada e preparada para retomar seu caminho evolutivo. E, tão logo esteja apta, irá mergulhar no plano físico ou até mesmo em missão pelo baixo etéreo em busca de irmãos que incorreram no mesmo erro, não importando se ela fez o certo ou errado.

Fato é que ela fora protegida por Maria Mulambo, uma das mulheres mais ativas e respeitadas do concílio dos Guardiões e com excelente trânsito entre os senhores da escuridão, o que fazia dela um exemplar político entre os membros da organização Exus de Lei. E, saibam, será no futuro uma integrante do conselho de juízes do comando planetário.

Mulambo é uma Pombagira excepcionalmente experiente, e com toda sua vivência e várias atuações em casos muito mais complicados, sabia que sua filha Claudine enfrentaria sérias dificuldades em sua recuperação, mas sua organização dispunha de recurso suficiente para reverter tal situação e novamente projetá-la em direção à evolução.

Mas, Claudine ainda não estava em seu poder. Mulambo aguardava ansiosa a chegada de sua equipe com o que sobrou da moça, pois a última vez que a vira no escritório de José Carlos, sofrendo forte influência dos escravos de Mustafá, que na época esquematizavam a tomada da empresa e o desmanche de seu casamento.

A Pombagira esperava que sua equipe conseguisse romper as três encruzilhadas que teriam obrigatoriamente de passar, sem ser interceptada por espíritos sombrios simpatizantes dos magos negros, pois aqueles seres têm o costume de sequestrar veículos naqueles pontos e trocá-los por generosas porções de ectoplasma, a moeda de troca com alto valor no baixo etéreo.

A equipe Mulambo foi composta por homens e mulheres militares de elite capazes de vencer um exército de espíritos sombrios, isso a deixava mais tranquila, mas sabia que sua equipe correria o risco de encontrar grupos de espectros pelo caminho e com esses seres não existe negociação. Os Exus não admitem que espíritos nesse grau de periculosidade sejam encontrados e permaneçam em liberdade, isso é regra na hierarquia Exu de Lei. Caso uma equipe de guardiões encontre um espectro, este deverá ser capturado e encaminhado ao comandante supremo da escuridão para ter seu mental enxugado, dissecado, ter seu histórico apagado, para que, no caso de uma futura encarnação, não tenha sobrado nenhum resquício de seu histórico, ou alto índice de maldade.

A possibilidade de um encontro entre sua equipe e esses criminosos era eminente, por causa do trajeto que a equipe teria de fazer, mas ela já havia acionado seus compadres, senhores que comandam essas encruzas, e certamente se isso viesse acontecer, muitos falangeiros que trabalham no denso umbral lutariam em favor da sua equipe.

Para isso ela havia enviado generosos presentes para os chefes desses pontos energéticos, a fim de garantir um percurso sem muitas armadilhas para seu comboio. Não é comum ela agir dessa forma. No entanto, vale lembrar que a Pombagira Maria Mulambo sabe bem como lidar com o submundo marginal. Esses comandantes de falanges sombrias só entendem a linguagem da troca, negociando com eles, ela evita confronto com esses desordeiros. Por conta de sua habilidade de negociar em situações adversas, ela é admirada no concílio dos Exus justamente por sua habilidade política e facilidade com que intermedeia conflitos no denso etéreo, e também no plano físico, intuindo e orientando seus filhos a como resolverem seus pequenos problemas do cotidiano sem maiores complicações.

No castelo onde fica o quartel-general da comandante da organização, seus auxiliares diretos se mostravam tensos a esperar pelo desenrolar daquele caso; a chefe também estava ansiosa pela chegada de sua menina, sabia que receberia um espírito muito judiado. Entretanto, tinha consciência de que a recuperação de Claudine não se daria facilmente, mas confiava em sua equipe de psicólogos e psiquiatras, composta por espíritos de alto nível de conhecimento terapêutico, portanto apta a recuperar ainda que parcialmente sua filha. Sua total recuperação se daria conforme o tempo e o trabalho que desenvolvesse dentro da organização.

Todavia, Mulambo ainda não estava segura de que Claudine havia aprendido a dura lição, aquele espírito era feiticeiro reincidente; há séculos que ele vinha se envolvendo constantemente com magia negra, já havia comprometido algumas encarnações e, certamente, esse tipo de crime está incrustado em seu subconsciente e pode emergir a qualquer momento. Entretanto, era necessário que ela estivesse dentro da organização para que pudesse ser avaliada pelo corpo de terapeutas e isso somente poderia acontecer quando sua equipe retornasse da missão.

Um grupo de técnicos em comunicação permanecia na instituição trabalhando intensamente tentando rastrear e localizar o comboio. Durante esse trabalho, esse grupo interceptou um sinal de rádio, que foi imediatamente codificado e decifrado pelos especialistas, em que um espírito se identificava como Senhor Unha de Águia e fazia questão de falar com a chefe da organização Mulambo, pois havia identificado um comboio de resgate e estava com uma imensa falange que formava uma coluna de guerra suficientemente forte para vencer o comboio, mas ele tinha interesse em negociar uma passagem tranquila.

Ao ser notificada sobre tal mensagem, ela não tratou o assunto com muita credibilidade, pois não é comum criminosos do baixo etéreo fazer contato com chefes de falange exigindo negociação. Entretanto, resolveu atender ao chamado dando o retorno de que aceitaria o diálogo. No entanto, em vez de começar uma dura negociação, ela escutou uma explosão de gargalhadas, então falou alguns palavrões e deixou o som externar para a equipe. Exu Mirim havia pegado a sintonia do reino de Mulambo e resolvido brincar com sua majestade antes de pedir permissão para adentrar os limites de sua organização.

A chefe deu uma elegante gargalhada, pregou um belo esporro na equipe de comunicação e pediu que seus subordinados autorizassem a entrada do comboio que se aproximava e daria entrada no pátio do castelo em pouquíssimo tempo. Após saber que seus especialistas estavam chegando de volta da missão, a chefe saiu ao encontro de sua filha acompanhada de um médico e uma equipe de enfermeiros bem treinados, que conduziria Claudine imediatamente ao centro de saúde mental onde ela iniciaria um intenso tratamento psicológico.

Enquanto Mulambo se dirigia calmamente para o campo de pouso do palácio, olhando para o horizonte percebeu ao longe que as aeronaves se aproximavam. Ela ficou de pé esperando a chegada do comboio, então, os comandantes dessas naves resolveram prestar uma homenagem à sua chefe e posicionaram os veículos de tal forma, que, observados de baixo, formavam um tridente de fogo, símbolo máximo da organização universal Exu de Lei, mas os comandantes, para homenagear a chefe, deram um formato levemente arredondado representando o símbolo do tridente das Pombagiras.

Após a exibição, as naves foram se aproximando do pátio, onde iam pousando suavemente, porém, antes que a tripulação começasse a desembarcar, outra equipe de colaboradores usando pequenas naves se aproximou dos veículos e lançou sobre eles uma essência especial para higienizá-los, pois o comboio havia circulado por regiões densas do baixo etéreo e, certamente, algum resíduo negativo havia se impregnado nas aeronaves.

Após o trabalho de higienização e limpeza dos veículos, a chefe se aproximou daquele que estava na frente. A porta se abriu e o comandante lhe pediu permissão para começar a desembarcar Claudine, então a chefe fez um sinal positivando ao desembarque e de dentro da aeronave começou a ser retirada uma cápsula de proteção conduzindo sua filha, que estava em coma induzido para não sentir o choque da saída do baixo etéreo e a entrada em uma dimensão de atmosfera com energia mais sutil.

Claudine foi então colocada em uma maca de propulsão e entregue imediatamente ao médico, que pediu aos auxiliares que conduzissem a moça para o centro de terapias psicológicas e a mantivessem desacordada na câmara de indução, pois os primeiros procedimentos seriam executados com o espírito ainda em estado de sono profundo.

Os enfermeiros então, obedecendo à determinação do chefe da equipe, procederam dessa forma, retiraram-na do pátio imediatamente, deixando o médico em companhia da chefe da organização Maria Mulambo, pois eles teriam de receber o máximo de informações sobre as torturas a que a moça foi submetida e somente Exu Mirim havia presenciado tal sofrimento.

Todavia, enquanto o médico e a Senhora Pombagira conversavam com o Exu Mirim, a equipe de enfermagem executava banhos de limpeza purificante aplicando fluidos de regeneração espiritual em Claudine, procedimento que remete o espírito a estágios anteriores, em que é utilizado o procedimento de regressão transportando-o para tempos remotos nos quais ele havia passado momentos de felicidade plena. Dessa forma, esse irmão que está num estado de demência vai recuperando suavemente o mental e seu padrão vibratório vai melhorando sensivelmente, permitindo-lhe que algum sentimento de fraternidade penetre no consciente do espírito em tratamento e essa área seja restabelecida.

16º. O RETORNO DA EQUIPE MULAMBO

Após nove dias de viagem pelo baixo etéreo, enfrentando as intempéries do umbral, depois de retornar ao complexo da organização Maria Mulambo a equipe, formada por especialistas militares, começava a desembarcar de suas aeronaves e a perfilar-se diante da Pombagira, que estava visivelmente satisfeita com o resultado da missão; então, chamou uma auxiliar e determinou que os integrantes da equipe de resgate a esperassem no salão nobre, onde seria servido um coquetel aos integrantes da missão bem-sucedida, que receberia merecidas homenagens.

A Pombagira emitiu as ordens aos auxiliares e se retirou para sua sala, onde recebeu o chefe da equipe Exu Mirim em reunião juntamente com o médico que cuidaria de Claudine cuidadosamente. Ele precisava falar com o Mirim, porque somente o pequeno guardião havia presenciado os acontecimentos com a filha de Mulambo no reino do lagarto, isso era fundamental para que a equipe de terapeutas tivesse sucesso no tratamento da moça.

Maria Mulambo pediu ao Mirim que relatasse ao médico os procedimentos que Serghal havia usado com sua menina, porém, pediu licença para se retirar, pois naquele momento não estava preparada para enviar uma missão para prender o feiticeiro criminoso, pois tal ato poderia ferir a lei do livre-arbítrio e somente os senhores do comando planetário detêm autoridade suficiente para pedir a prisão de qualquer espírito, e não seria ela quem quebraria a lei divina.

E para não incorrer nesse erro, ela preferia não escutar o relatório do Exu Mirim. Mulambo pediu que o doutor conduzisse o pequeno Exu às dependências do centro médico e estipulou o horário que ambos deveriam estar no salão nobre, onde ela faria os agradecimentos aos integrantes da equipe de resgate. Também pediu ao Mirim que mantivesse sua equipe no castelo para um jantar após as condecorações dos integrantes da equipe que resgatara Claudine.

Ela então saiu, foi encontrar os líderes da missão; queria saber detalhes acontecidos durante o percurso, todavia, naquele momento, um lado da Terra já recebia a sombra do sol havia algumas horas, porém, ela se apressara, pois em pouco tempo teria início no castelo de Mulambo o evento que prestaria homenagem aos Guardiões que haviam descido ao baixo etéreo em honrosa missão de resgate.

Maria Mulambo ocupava uma sala que ficava paralela ao salão grande do palácio e notou que os membros da missão já se encontravam perfilados esperando-a. Os homens se apresentavam impecáveis, usavam luxuosos fraques combinando com elegantes chapéus, enquanto as mulheres ostentavam vestidos longos, especialmente ornamentados para a ocasião. Naquela noite especial, o vermelho e o preto eram usados por imensa maioria das moças da falange. Entretanto, os cavalheiros optaram pela cor preta, isso fazia o ambiente se parecer bastante com uma época da civilização em que a Europa ostentava poder político e paganismo misturado com extrema riqueza material e cultural.

As bebidas ficavam expostas em uma mesa colocada no centro do salão. Uma equipe de garçons servia os participantes, as mulheres davam preferência às bebidas doces com baixo teor alcoólico, enquanto os homens preferiam destilados, ambos combinam bem com os finos charutos servidos elegantemente em bandejas de ouro. A festa acontecia de maneira harmoniosa, porém, o grupo de Guardiões que havia descido ao baixo etéreo ainda estava se recuperando do impacto provocado pelas imagens horríveis que testemunhara na cidade das ilusões. O ambiente estava pronto, mas a chefe da organização ainda não se encontrava no salão, estava acertando os detalhes com o cerimonial para que saísse tudo perfeito. Quando o mestre de cerimônia deu início ao evento e chamou a senhora Maria Mulambo para assumir seu lugar no salão nobre, a chefe da organização foi literalmente ovacionada, ato que demonstra o carisma e respeito que a falange nutre por ela. Mulambo ocupou seu trono localizado no centro do salão e ordenou ao cerimonial dar início às homenagens.

Mulambo não permaneceu sentada em seu trono assistindo ao evento, ela se colocou de pé na rampa que dava acesso ao palco e fez questão de cumprimentar todos os auxiliares homenageados por ter descido ao baixo etéreo em missão de resgate bem-sucedida.

Logo após o grupo auxiliares receber suas medalhas, a senhora Maria Mulambo desceu de seu trono e se misturou com a falange para assistir a palestra que o Exu Mirim daria sobre o sistema brutal que os magos negros montaram nas dimensões menos favorecidas do plano espiritual e como usurpam poder e prestígio de determinados mandatários do plano físico e governam países com espectros ocupando corpos de políticos corruptos. Mirim foi convidado para o evento exclusivamente para demonstrar aos Exus de Lei da falange Mulambo como devem agir em suas incursões pala escuridão para que tenham sucesso.

Foi por meio da astúcia de Exu Mirim e seu trabalho espetacular no reino de Serghal que a organização Maria Mulambo localizou e resgatou Claudine e tantos outros espíritos que se encontravam escravizados pelo feiticeiro. Todavia, essas experiências precisam ser compartilhadas entre os trabalhadores do etéreo.

Exu Mirim então se apresentou e fez uma dissertação minuciosa sobre o baixo plano e as organizações criminosas que até certo ponto imperam livremente pelo umbral denso da consciência humana, explorando o padrão vibratório de cada criatura que adentra aquele mundo tenso onde habitam espíritos que expressam o que há de mais primitivo em seu subconsciente.

Enquanto o Exu Mirim discursava, eram exibidas imagens tenebrosas retratando a realidade que vive o espírito que se envolve com magia negra. Ele é capturado e escravizado por esses comandantes torturadores. Imagens de Claudine foram igualmente exibidas para que os falangeiros de Mulambo entendessem realmente de onde haviam tirado a filha de sua chefe e de quão perigoso é o mundo da baixa magia. O Exu pequeno havia enviado uma coletânea de imagens para a organização, que realmente não poderia ser exibida, pois eram cenas de tortura tão extravagantes que a chefe da organização achou por bem não mostrar na íntegra para preservar a imagem de sua filha e evitar que as cenas fortes causassem mais impacto em seus auxiliares.

Ao fim do discurso do Exu pequeno, o médico que estava cuidando de Claudine foi solicitado ao palco e deu detalhes do tratamento da moça e de seu estado mental. Felizmente as notícias eram promissoras, ela estava reagindo bem ao tratamento e, em breve, estaria entre os falangeiros da Mulambo, entretanto, algumas sequelas a acompanhariam por pelo menos duas encarnações. O tipo de tortura a que fora submetida não é comum nem possível se livrar facilmente. Mas, por meio do trabalho na instituição, ela ia eliminando alguns sintomas, a insanidade a que estava mergulhada era passageira. Entretanto, seu subconsciente havia armazenado informações importantes que somente o tempo e o adormecer da reencarnação eliminaria, todavia se faz necessário que o trabalho de recuperação se inicie imediatamente para que a sanidade do espírito esteja plena quando ele for chamado ao corpo físico.

Enquanto o Exu Mirim e o médico dissertavam para a plateia, uma secretária de Maria Mulambo lhe passou mais informações sobre o ambiente espiritual de baixa frequência. Mustafá havia fugido do presídio com a ajuda de um imenso exército liderado por Serghal, que havia retornado a seu reino depois de uma excursão pela crosta e teria ficado extremamente furioso com o fato de sua escrava ter sido sequestrada pela equipe Mulambo e resolveu se juntar a seu antigo escravo para combater os Guardiões de resgate no baixo etéreo.

A chefe da falange se aproximou do palco e agradeceu carinhosamente o pequeno Exu Mirim pelo maravilhoso trabalho feito em favor de Claudine. Em seguida, deliberou que a festa deveria continuar e ele estava convidado a permanecer no salão para se divertir. Porém, desculpou-se por não poder continuar no ambiente, pois precisava visitar sua menina que se encontrava em tratamento intensivo no complexo hospitalar da organização.

Era a primeira visita de Maria Mulambo a Claudine e, mesmo com toda experiência acumulada em muito tempo como Pombagira chefe de falange, inexplicavelmente ela estava se sentindo ansiosa, pois quando acompanhou o caminhar de sua filha ela ainda era secretária de José Carlos. Naquele tempo não imaginou que ela se comprometeria tão imensamente com a baixa magia, não estava no destino de Claudine esse infortúnio, porém, toda ação gera uma consequência, foi ela quem criou a situação que a levou ao abismo.

Mulambo andava calmamente no corredor do complexo hospitalar quando foi alcançada por Exu Mirim e dois de seus auxiliares integrantes da equipe de especialistas em logística, os rapazes fazem parte do grupo de monitoramento energético da organização. A expressão dos jovens denunciava alguma coisa que parecia desagradável. A Pombagira então quis saber de detalhes e foi informada dos acontecimentos ainda no corredor do prédio, soube então que a equipe havia detectado uma massa imensa de seres fora da lei em marcha pelo baixo etéreo.

Os sombrios se deslocavam fazendo o mesmo percurso que os Exus de resgate fizeram conduzindo Claudine, logo após ela ser resgatada do reino de Serghal. Mulambo voltou com o Mirim e seus auxiliares para a sala de controle e assistiu às imagens de um forte movimento de espíritos sombrios se deslocando em direção a sua cidade. Os espiões de Exu Mirim já haviam lhe enviado alerta informando-lhe de que o grupo era liderado por um homem muito forte medindo aproximadamente três metros de altura, usando barba longa. O sujeito expressava fortes marcas de ódio, também deixava transparecer muitos crimes em volta de seu campo magnético.

A chefe da falange, não conseguindo reconhecer o líder, dirigiu-se imediatamente para a sala de difusão de imagens; ela precisava conferir quem era o cidadão para só então solicitar a seus pares, os Exus de Lei, equipes de defesa. Entretanto, o grupo levaria ainda muito tempo para se aproximar do reino de Mulambo e ela teria tempo para agir. Mulambo entrou na sala especial e, em pouco tempo, a equipe havia identificado o comandante da tropa de desordeiros, a identidade do feiticeiro não foi nenhuma surpresa para a chefe, tampouco para o Exu Mirim, que desconfiava de quem seria o sujeito.

A descoberta e identificação do líder mudava literalmente os planos iniciais de Exu Mirim, que enviou uma mensagem a seus espiões chamando-os de volta ao palácio de Mulambo. Fora necessário que o plano fosse refeito porque o líder dos sombrios era mais perigoso do que se pensava e tinha pretensões de se colocar entre os magos negros do baixo etéreo. O grupo de espiões Mirins, ao receber as ordens do chefe, retornou imediatamente ao palácio, porém, antes de sair, armou uma rede magnética no percurso e, conforme a tropa avançava, todos os espíritos passavam pelo *scanner*, sua identidade era revelada e seus dados armazenados nos computadores do reino de Maria Mulambo. Muitos deles estavam sendo procurados pelas organizações da justiça, outros estavam sendo solicitados pelos dragões para o acerto de contas final, onde seriam enxugados, dissecados, entregues aos mensageiros de Maria Mulambo e, então, encaminhados para o ventre terreno em rápidas gestações.

Quando a equipe da Pombagira concluiu o cadastro dos espíritos procurados, ela enviou uma mensagem diretamente ao comando dos dragões dando conta de que havia localizado espíritos requisitados pela Lei Maior; em pouco tempo recebeu o pedido de autorização para que os espíritos fossem sugados até o ponto onde seriam preparados para nova missão na crosta. A chefe da organização respondeu positivamente, Exu Mirim então fez uso de seu mistério ativador, ligou o polo eletromagnético desses espíritos e logo ouviram o ecoar de um som que lembrava o estouro de um espumante. Instantaneamente algumas centenas de espíritos foram simplesmente sugados para o centro do planeta onde habitam os senhores da escuridão, que diferente do que pensam os encarnados, esses irmãos trabalham em missão nobre recuperando espíritos criminosos para a criação divina.

Esse evento causou um desfalque imenso no exército do senhor de barba longa, que também estava sendo procurado pela justiça universal, mas Mulambo pediu que Exu Mirim não o enviasse para reciclagem, ela queria entregá-lo pessoalmente nas mãos de seu parceiro, senhor Exu Marabô, representante da justiça nas dimensões escuras do planeta. Mesmo com o desfalque na tropa, o exército de sombrios avançava em direção à cidade de Mulambo e o confronto parecia inevitável, mas o Mirim pediu que a Pombagira lhe desse mais tempo antes de solicitar tropa de reforço ao concílio dos Exus.

Após ter seu pedido aceito, o pequeno Guardião começou a inverter o polo eletromagnético dos espíritos sombrios fazendo com que eles somente andassem em direção contrária, exceto o líder do grupo que era esperado ansiosamente pela Pombagira. Com esse feito, a tropa começou a distanciar do comandante que andava a passos largos e não percebeu que estava ficando sozinho no baixo etéreo. Isso é muito perigoso para um espírito solitário, seja ele criminoso ou não, corre sempre o risco de ser aprisionado por um mago negro e ser levado a trabalho forçado.

O comandante da tropa de sombrios estava imensamente entretido com as imagens que o Exu Mirim plasmava em sua mente; o líder avançava sozinho em direção à cidade da Pombagira que deixava escapar sonoras gargalhadas com as peripécias do Exu pequeno, que, literalmente brincando, evitou um confronto que certamente causaria danos incalculáveis, mesmo porque o número de espíritos que seguia o comandante era imenso e no complexo hospitalar da cidade de Mulambo havia muitos pacientes em tratamento, em especial o espírito da moça resgatada das garras de Serghal, mago negro que faz parte do grupo de torturadores cruéis do baixo etéreo. No anexo do castelo de Mulambo, encontrava-se em tratamento Claudine, cujo resgate levou o feiticeiro a declarar guerra à falange da Pombagira. O mago considerou o resgate como uma invasão de sua cidade, por isso deveria dar uma resposta brutal à intromissão da Guardiã em seu modo de agir.

Mas o mago não contava com um exército organizado, exatamente isso o levou a convencer outro chefe de cidade fora da lei e invadir um presídio no penumbral e resgatar um antigo escravo que havia sido aprisionado por Tiriri. Com Mustafá em liberdade, ficou fácil para Serghal angariar um exército e marchar em direção à cidade de Mulambo. Entretanto, ele não desconfiava que a organização mantivesse uma coalizão forte com Exu Mirim, que fora o grande colaborador no resgate de Claudine.

Todavia, na sala de controle, a equipe da Pombagira continuava acompanhando o avanço da tropa, que estava bem próxima do ponto de partida. Como o Exu pequeno havia invertido os polos magnéticos daquele percurso, a horda de espíritos sombrios recuava, porém, continuava achando que seguia em frente. Entretanto, o comandante da tropa estava prestes a cair nas mãos de Maria Mulambo e, consequentemente, na rede da justiça do Exu Marabô. Exu pequeno trabalhava sem descanso para deter o invasor, criou uma vertigem no mental de Mustafá dando-lhe a impressão de que a tropa seguia-o obedecendo a seu comando mansamente e seguia transtornado rumo à cidade de Mulambo, todavia, era esperada ansiosamente por uma elegante e jovem senhora acompanhada de dois cavalheiros que haviam chegado à cidade para lhe dar boas-vindas.

Como no Reino da Pombagira o sol bate normalmente, existe dia e noite como no plano físico, a equipe que monitorava Mustafá previa sua entrada no portão principal para o início da noite, então a Pombagira ordenou ao cerimonial que organizasse o salão nobre do palácio para uma festa, onde brindaria com seus amigos o sucesso da Lei, e o momento estava oportuno para um jantar especial. Ordenou ao grupo de Exus que certamente deteria Mustafá que, ao ser preso, o espírito deveria seguir imediatamente para o complexo prisional fora do baixo etéreo indicado previamente por Marabô; não queria correr nenhum risco de ele escapar ou ser resgatado por seus comparsas feiticeiros negros.

Porém, antes do jantar, precisava fazer uma visita para sua filha Claudine e certificar-se de que estaria se recuperando dos traumas do cárcere em poder de Serghal. Mulambo retirou-se da sala e encaminhou-se para o complexo hospitalar em busca da filha, que permanecia deitada em um leito em estado semi-inconsciente, não esboçava muitas reações ao ser acordada pela equipe médica. Entretanto, com a presença da Pombagira, ela se agitou e começou a reagir aos chamados de Mulambo; ela, no entanto, usava a experiência acumulada ao longo de suas encarnações e se fazia notar pela paciente especial, mas não lhe fazia perguntas nem iniciou nenhum diálogo, não era a hora para isso. O tratamento da moça seria longo e doloroso, pois Mulambo havia detectado sequelas muito importantes no campo áurico de Claudine e aqueles sintomas demandam tempo para serem eliminados completamente.

Mas, de maneira geral, a Pombagira se mostrava satisfeita com a evolução de sua menina, o que teria de fazer era somente esperar os acontecimentos. Mulambo permaneceu algum tempo ao lado de Claudine analisando seu mental e percebeu que as imagens de José Carlos e Morgana ainda permaneciam muito vivas em sua mente, concluiu que aquela era a principal dificuldade que as equipes de médicos e psicólogos estavam encontrando para tratar a moça. Mulambo identificou um ponto escuro no corpo de Claudine que ligava sua filha a Serghal, foi exatamente esse elo que possibilitou ao mago negro rastrear e localizar sua escrava no Reino de Maria Mulambo.

Claudine recebeu um *chip* que fora implantado pelos espectros na sessão de magia negra em que fez um trabalho de amarração para José Carlos; ao *chipar* o corpo astral de Claudine, os espectros criaram um ponto de ligação entre ele e Serghal que somente um especialista seria capaz de interromper, mas a filha de Mulambo estava muito fragilizada para passar por um procedimento tão complexo. É a falange dos Pretos-

Velhos quem faz esse desligamento, mas requer tempo e exige saúde mental do espírito, e esse não era o caso da moça em questão.

Mulambo saiu do quarto em que se encontrava Claudine satisfeita, sabia que teria de esperar, mas fazia planos para engajar sua menina na falange tão logo ela tivesse condição de assumir qualquer compromisso. A chefe das Pombagiras Mulambo precisava se apressar em seus afazeres, afinal, a noite começava a cair e a qualquer momento a equipe de segurança deteria seu antigo aliado que, por infortúnio e levado pela inveja, vaidade e soberba, resolveu ingressar na vida do crime, andando contra os princípios da Lei Maior e da lei de Maria Mulambo.

Antes de se embrenhar nos caminhos do crime, Mustafá era um candidato a Exu e militava na falange que o Exu Tiriri e Maria Mulambo mantêm em prontidão nas encruzilhadas da calunga, que deverá estar em constante vigilância para que o campo-santo não seja invadido pelos espíritos ladrões de ectoplasma. Mustafá sabe da autoridade moral que seus antigos chefes detêm e não seria capaz de declarar guerra a Mulambo nem invadir seu Reino, certamente foi enganado por Serghal quando aceitou resgatar Claudine. Ele havia assumido compromissos com Mulambo e Tiriri, de que se manteria longe do campo-santo e da encruzilhada da calunga, onde se localiza o reino desses Guardiões de Lei.

Mulambo queria dar uma palavra com Mustafá antes que ele fosse enviado ao presídio de segurança máxima de onde, em nenhuma hipótese, seria resgatado. No início da noite, quando o sol já deixa escura a superfície do planeta onde está situado o reino de Mulambo, um homem completamente alucinado adentrou o portão principal do castelo e foi cercado por um número considerável de militares, o suficiente para deter boa parte do exército que ele achava que ainda o seguia. Entretanto, após ser detido pelo mistério do Exu Mirim que cola o espírito no solo impossibilitando-o volitar, o mesmo Exu pequeno destravou o polo cerebral de Mustafá e, somente então, ele pôde ver que atrás dele não havia exército nenhum e novamente estava detido e de frente com seus ex-chefes; simplesmente ele entendeu que havia sido traído por Serghal e invadido a calunga, o campo onde prometera jamais agredir.

Mustafá, então, completamente contrariado com a traição de que fora vítima, colocou a cabeça no solo implorando perdão ou pelo menos que os Senhores da Lei acreditassem que ele não sabia que aquele castelo estava situado no reino da calunga. O infrator foi imobilizado pelos Guardiões de Mulambo e entregue ao senhor Exu Marabô para que indicasse o destino para onde ele deveria ser levado. O Exu então se apresentou tranquilizando o prisioneiro e lhe informou de que faria sua defesa nos organismos universais da justiça maior.

A equipe de transporte de prisioneiros se apresentou e, calmamente, conduziu Mustafá para o veículo que o levaria a seu novo endereço, com recomendações da Pombagira de que deveria ser cautelosa no trato com o prisioneiro. Mulambo enxergava no campo astral de Mustafá uma enorme possibilidade de recuperação.

Liberado pelos chefes de falange, o veículo alçou voo com o detido e os senhores Guardiões entraram para o salão nobre onde deveriam comemorar a retirada de um espírito promissor do perigoso mundo da magia negra e, certamente, o surgimento de um próspero Exu de Lei. Embalados pelo clima de paz que se instalou no castelo da calunga após a prisão de Mustafá e seu arrependimento diante dos Exus de lei, Mulambo, Tiriri e Marabô, juntamente com auxiliares ligados à justiça, aproveitaram o evento e montaram uma estratégia espetacular de como apresentar a defesa de Mustafá na suprema corte da justiça universal e, posteriormente, diante das autoridades planetárias, organismo situado no reino energético do Orixá Xangô, por onde passam os processos que dão origem às ordens de prisão e ou absolvição de espíritos executados nas altas cortes universais.

10. Considerações do Autor

A estratégia estava montada e os auxiliares do Exu Marabô dariam continuidade e forma ao conjunto da obra a ser apresentada aos executores da Lei.

Devemos lembrar de que Mustafá foi indiretamente responsável pela trama envolvendo Claudine, José Carlos e Morgana; foi ele quem colocou seus espíritos sombrios dentro da casa e da empresa do empresário, desequilibrando seu ambiente familiar e profissional, causando imenso transtorno na família, também foram obras de suas auxiliares a paixão arrebatadora que conduziu a secretária ao caminho da magia negra. Mustafá não é criminoso de guerra, entretanto, é considerado criminoso de alta periculosidade e, por conhecer o sistema da causa e efeitos da lei do retorno, certamente responderá por sua inconsequência na forma implacável da Lei, porém, enquanto o processo tramita pelas esferas da justiça, Mustafá continuará detido em uma prisão de segurança máxima à espera de sua sentença.

Todavia, os Exus sabiam não havia inocentes envolvidos naquela trama, todos do grupo eram compatíveis energeticamente e, se não estavam diretamente ligados naquele imbróglio nessa encarnação, certamente tinham arestas a aparar provenientes de outras. Os espíritos que formavam tal grupo eram adeptos da sagacidade caliguliana que encarnaram tentando se livrar do carma da promiscuidade. Alguns do grupo estavam conseguindo, no entanto Claudine acabou se envolvendo novamente com magia negra, incorrendo no mesmo erro de um passado longínquo e turvo que sutilmente retornara na forma disfarçada de desejo de felicidade, amor e riqueza material, onde, na verdade, o que estava acontecendo com ela era simplesmente um resquício da época de feiticeira negra.

Maria Mulambo sabia desde o início que tudo que estava acontecendo com sua filha era reflexo do passado e poderia ter interferido facilmente para que nada daquilo houvesse acontecido; no entanto, a Pombagira esbarrava na lei do livre-arbítrio e forçadamente deixou que sua menina seguisse o destino que traçou, fundamentada no princípio de inveja, egocentrismo e falta de discernimento. Todavia, Claudine precisava passar pelo caminho amargo que escolheu, para enterrar definitivamente seu passado sombrio e dar início à novas experiências carnais.

    A chefe da falange recebeu informações de que o retorno da moça ao corpo físico não tardaria, porque o casal que a receberia como filha já havia se formado e requisitava sua presença. Claudine estava sendo submetida a tratamento terapêutico intenso e dava sinais de boa melhora; já se comunicava normalmente com os médicos e em pouco tempo receberia alta do centro de terapias avançadas e seria entregue à falange de Pretos-Velhos para ter o *chip* extirpado e, consequentemente, seria encaminhada para a reencarnação. A filha de Maria Mulambo deveria crescer dentro de uma família tradicionalmente cristã, seguidora do culto umbandista, onde, ao atingir a maturidade, deveria receber sua maioridade espiritual e trabalhar incorporando uma Mulambo que a auxiliaria na assistência a pessoas com trauma psicológico provocado por rompimentos de relacionamento amoroso. Claudine estava predestinada a ingressar em outro culto e se iniciar e, posteriormente, se tornar uma yalorixá do Candomblé. Não se casaria, pois teria muitos filhos em sua casa de caridade, entretanto, em hipótese nenhuma, poderia se distanciar de sua mãe espiritual Maria Mulambo.

17º. A ENCARNAÇÃO

    Claudine reencarnou três anos mais tarde, após ser considerada apta a ocupar um corpo físico e adaptar-se a este. Ela nasceu no Estado do Rio de Janeiro, filha de um casal ainda bem jovem que se conheceu na universidade e resolveu a se casar antes mesmo de concluir o curso, pois a moça estudava na cidade do Rio de Janeiro. Entretanto, os pais moravam em Porto Alegre, o pai do rapaz também era da capital gaúcha, mas havia se mudado para o Rio de Janeiro e se casado com uma moça da cidade.

10. Considerações do Autor

Como o destino não é uma peça teatral, mas a arte imita a vida física, o rapaz de nome Fabio era filho de Júlio, ex-amigo de José Carlos. Júlio desencarnou cedo; por causa do excesso de bebida desenvolveu uma cirrose aguda e não resistiu muito tempo a seu efeito devastador. Quando Fabio conheceu Vitória na universidade, ficou encantado com a beleza da moça; o fato de ela ser natural de Porto Alegre contribuiu para que ele se interessasse ainda mais por ela. Fabio cresceu ouvindo o pai falar da cidade gaúcha com imenso carinho, só nunca entendeu por que havia se mudado do Sul para o sudeste, mas não perguntou o motivo da mudança.

Os jovens Fabio e Vitória viveram o romance por algum tempo sem que ela falasse com os pais sobre o namoro, mas Fabio estava interessado em se casar o mais rápido possível, então resolveram passar o fim de semana no Sul e oficializarem o noivado. No início, houve certa resistência dos pais da moça, mas entenderam que a decisão da filha era irreversível e deveriam lhe apoiar. José Carlos e Morgana tentaram colocar o passado no esquecimento e seguir os caminhos dos jovens apaixonados.

O casamento de Fabio e Vitória aconteceu de maneira simples na cidade gaúcha, apesar da confortável posição financeira da moça. Já casados, os jovens concluíram seus cursos na universidade e, com o apoio de José Carlos, Fabio ingressou no mercado como representante da empresa do sogro, enquanto Vitória preferiu abrir seu consultório e exercer a medicina pediátrica. Enquanto os jovens se movimentavam na vida de recém-casados, o plano espiritual se empenhava na tarefa de lhe enviar o primeiro filho; o espírito já estava sendo preparado para a entrada no útero materno, mas continuava sendo submetido a intenso tratamento psicológico para que sua passagem para o mundo físico fosse o menos traumático possível.

Aquela era uma operação que continha certo risco, pois o ser a penetrar na vida física carregava uma missão de suma importância e esses espíritos normalmente sofrem algum tipo de perseguição por parte de espíritos criminosos que enxergam naquele indivíduo uma relevante ameaça a seus planos diabólicos. Esse foi o principal motivo que levou a espiritualidade responsável pela reencarnação a abster daquele futuro vivente a possibilidade de formar família no plano físico, para evitar que Serghal a descobrisse por meio de seus filhos.

    Enquanto a espiritualidade maior acertava os detalhes do retorno daquele espírito ao corpo físico, a gravidez de Vitória avançava e inexplicavelmente provocava certo desconforto em Morgana. No mundo físico, o jovem casal trabalhava, viajava, vivia em perfeita harmonia. O ambiente era propício para a chegada de um filho, então, durante uma viagem ao arquipélago de Fernando de Noronha, Vitória recebeu a visita de um ser especial, que penetrara na vida do casal para aumentar a felicidade na família. Algum tempo após voltar da viagem, a moça telefonou para sua mãe reclamando de certa indisposição, suspeitando da alimentação que consumira no arquipélago, pois estava sentindo enjoo.

    Morgana desligou o telefone e se retirou da sala sem falar com José Carlos sobre o que conversara com Vitória; ele a seguiu e perguntou se estava tudo bem com a filha, ela lhe respondeu que estranhara sua voz. O empresário então telefonou para o genro, este lhe falou que estava tudo tranquilo entre o casal, no entanto Vitória estava sentindo-se indisposta e fora dormir, tranquilizando o sogro de que entraria em contato caso percebesse alguma coisa fora do normal. A vida se movimentava no plano físico, no entanto, era acompanhada de perto do astral. Maria Mulambo estava atenta a qualquer movimento que acontecia em volta de sua filha.

    Claudine havia ingressado no útero materno com missão nobre, todavia, era necessário que seus Guardiões dobrassem os cuidados para que ela não fosse descoberta por Serghal ou qualquer feiticeiro, pois sabemos que no baixo etéreo existem coalizões fortuitas entre os líderes de legiões; mesmo não existindo lealdade entre esses espíritos marginais, sempre que um deles tem acesso a qualquer informação importante, tenta extorquir seus iguais, esse comportamento é comum e conhecido de todas as organizações do astral. Por isso, era muito importante manter Claudine escondida durante sua estadia no plano físico, mesmo sabendo que essa era uma missão praticamente impossível, Mulambo ia tentar todas as formas possíveis para proteger sua filha. Esse é o padrão Mulambo, proteger os membros de sua falange e filhos a todo custo; mesmo que ele ultrapasse certos limites, como fez Claudine, ainda assim, se você é filho de Maria Mulambo, fique certo de que ela vai lhe buscar. Mesmo que você esteja oculto no baixo etéreo, ela certamente irá vasculhar todos os esconderijos das dimensões sombrias, desde as profundezas da escuridão ao iluminado reino da calunga.

18º. A VIDA RECOMEÇA

Durante toda gravidez de Vitória, Morgana evitou se aproximar da filha. José Carlos também sentia uma enorme resistência em aceitar a chegada de sua primeira neta. A repulsa era tamanha, que em muitas ocasiões eles não conseguiam esconder tal sentimento, a ponto de, quando a jovem telefonava aos pais para dar notícias de exames ou qualquer coisa que dissesse respeito à gestação, Morgana dava sempre um jeito de sair da sala para não falar ao telefone com a filha. Vitória percebia o distanciamento dos pais, porém, não entendia o porquê dessa estranha atitude deles; para o casal também era uma situação extremamente difícil que teriam de conviver. Morgana era consumida por um incrível sentimento de culpa e carregava imenso remorso por não conseguir estar ao lado da filha durante sua gravidez, mas a repulsa era algo bem maior que seu esforço para romper aquela incrível barreira. O tempo avançava e ela tentava mudar sua maneira de agir com a filha.

Vitória entrou no último mês de sua gestação e sugeriu que os pais a acompanhassem durante aquele período. José Carlos, mesmo sem estar muito à vontade, aceitou de imediato. Entretanto, Morgana sugeriu à filha que convidasse a sogra;

disse que não gostava do clima do Rio de Janeiro e não pretendia permanecer por longo tempo na cidade. Ao se aproximar o dia em que finalmente o espírito detentor de uma incrível história veria novamente a luz solar através do plano físico e trazia consigo um fardo que não era dos mais leves, Morgana foi acometida de uma repentina crise de depressão e teve de ser internada às pressas em uma clínica em Porto Alegre, ficando assim impossibilitada de ver o nascimento da neta.

José Carlos ficou cuidando da esposa e somente pôde viajar para o Rio de Janeiro e visitar a filha alguns dias depois do nascimento da criança. Finalmente, com uma leve melhora de Morgana, ele pôde visitar a filha e ver pela primeira vez sua neta. Mas aquele reencontro não era tão simples assim; quando ele pegou a criança no colo, sentiu o coração acelerar e saiu do quarto imediatamente com forte arritmia cardíaca, a menina também se mostrou levemente agitada. Porém, eles não estavam desassistidos; o reencontro era acompanhado por Maria Mulambo. Ela sabia do choque energético que aconteceria entre os espíritos com tal aproximação e se antecipou na proteção à sua filha, envolvendo-a de material imantado com polos invertidos. O procedimento se fazia extremamente necessário para neutralizar o impacto magnético em seu campo vibratório provocado pela presença de José Carlos.

Mesmo envolvida em uma rede de proteção, a menina sentiu forte impacto no contato com o avô, mas estava protegida por sua Guardiã e suportou quase que calmamente o reencontro com o patrão de outros tempos. Depois do encontro com José Carlos, Mulambo sabia que precisava preparar a criança para a visita da avó; sabia também que o impacto que ela sofreria ao encontrar Morgana seria superior àquele causado pela presença de José Carlos. Mas a experiente Pombagira não via dificuldades em proteger sua filha e, sem medir esforços, iniciou o encontro entre os espíritos rivais durante o sono de ambos, para organizar o campo astral, o que não foi fácil.

E, realmente, foi muito trabalhoso para a Pombagira harmonizar as energias de neta e avós nos primeiros encontros, mas conforme o tempo passava, a resistência entre eles diminuíam; as energias se acalmavam e a menina ia crescendo e conquistando paulatinamente o amor da família.

Mulambo conseguiu neutralizar a resistência de Morgana para com a neta. Foi então que veio uma segunda gravidez de Vitória, e isso lhe aproximou da filha e ela permaneceu todo o período de gestação e primeiros meses do nascimento do irmão de sua primeira neta no Rio de Janeiro. Mulambo aproveitou a convivência das antigas rivais e organizou quase que completamente as diferenças energéticas entre a menina e os avós.

Agora com 4 anos, a menina havia conquistado em definitivo o amor de José Carlos e Morgana, que passavam a maior parte do tempo com a filha e os netos no Rio de Janeiro, e quando viajavam, queriam sempre levar a menina com eles. Ela amava a companhia dos avós e era nítido que havia uma simpatia extrema por José Carlos; isso provocava certo ciúme em Morgana, mas não chegava a atrapalhar. Era um amor purificado pelo sofrimento, um sentimento transformado de obsessivo para fraternal, no qual a essência da pureza humana predomina sobre o desejo carnal promíscuo primitivo e animalizado, que anda contra os valores éticos morais e empurra uma imensidão de espíritos para o abismo da consciência, levando-os diretamente para as remotas dimensões umbrálicas no etéreo impiedoso.

O amor nascido do sofrimento daquele espírito agora em corpo físico e criança, fora mais que suficientemente doloroso para equilibrar seu ego e lhe fazer um ser mais ameno e pronto para a evolução espiritual. Sabemos, que somente a fraternidade e o amor puro reestabelecem parâmetros entre espíritos e os impulsionam em direção à luz, proporcionando-lhes trilhar caminhos menos densos e dolorosos.

A filha de Vitória continuava crescendo e na escola demonstrava boa habilidade em estabelecer relacionamento amigável com os amiguinhos. Essa agora era a missão daquele espírito, reparar seus atos criminosos e oferecer conforto àqueles irmãos que permaneciam encarnados e prontos para lhe receber no leito familiar; enfim, estavam todos juntos para aparar arestas remanescentes da encarnação perdida de Claudine, que agora recebia nova chance para se redimir dos passos impensados e atos cometidos contra Morgana, José Carlos e sua família, que na época não se deu conta de que estava cometendo um crime e permaneceu agindo de maneira torpe influenciado por sua extrema vaidade. Entretanto, o espírito inconsequente agora retornara ocupando um corpo gerado por um daqueles irmãos que encarou o sofrimento de um ambiente familiar contaminado pela demanda encomendada por ela. Porém, a missão daquele espírito não era somente corrigir erros pretéritos, havia outras premissas para aquele ser que agora se mostrava tão amável e que ao invés de espalhar tristeza na família de Morgana, distribuía alegria amor e carinho.

    Aquele espírito estava em processo de reparação e construção de novos horizontes, trouxe a difícil missão de arrebanhar pessoas e deliberar sobre suas vidas sem interferir em seus destinos. O tempo avançava, a menina atingiu a idade adulta e por meio de colegas na universidade começou fazer contato com integrantes de um terreiro de Umbanda; foi então convidada a conhecer e consequentemente se apaixonou pelo culto imediatamente.

    Em poucos anos de participação no grupo de médiuns, a jovem assumiu cargos importantes na casa em que trabalhava. Na sua vida privada, prosperou de maneira satisfatória, entrou para a universidade e se formou em medicina. Após o término de seu curso, fez mestrado com especialização em psiquiatria. No campo espiritual, trabalhava e dirigia o terreiro magistralmente nas giras de Exu, incorporava uma Pombagira Mulambo com uma linha de conduta moral tão elevada, que ninguém ousava lhe pedir um trabalho na linha negativa.

A médica dirigente do terreiro era extremamente formal, trabalhava ininterruptamente combatendo amarrações amorosas ou demandas para separações de casais, mas também fazia um trabalho social junto às comunidades carentes oferecendo conforto espiritual a quem lhe procurava, especialmente no atendimento psicológico às crianças vítimas de abandono familiar; mesmo sem que ela soubesse, aqueles pais que abandonaram aquelas crianças tiveram suas vidas conjugais destruídas pela feitiçaria negra. Entretanto, a mãe médica não combatia os feiticeiros marginais, ela não estava na atual encarnação em missão de combate, tinha simplesmente o nobre objetivo de oferecer conforto a irmãos necessitados e reparar erros pretéritos. Entretanto, como todo vivente que conhece a Rainha Maria Mulambo, ela galgava degraus evolutivos e deixava transparecer o imenso desejo de, em uma possível vida extracorpórea, habitar o reino da calunga e passar pelo degrau máximo por onde desfilam as mulheres conduzidas ao posto de Pombagira Mulambo.

Maria Mulambo não é apenas um espírito que, quando incorpora seu médium, fuma, bebe e dá risada; ela é protetora implacável que faz tudo que estiver a seu alcance para que a vida de seus filhos prospere, mas saibam que essa Pombagira não pactua com baixa conduta, pois tem compromisso com o astral maior e sabe que a disciplina e dedicação à causa humanitária são fundamentais para seu crescimento espiritual. No plano astral, comanda a organização Maria Mulambo, que é respeitada desde a mais densa esfera do baixo etéreo ao mundo sutil das dimensões superiores, conquistas que a chefe da falange adquiriu por agir sempre fundamentada na boa conduta moral.

Considerações da Guardiã

Sou Maria Mulambo, Pombagira integrantes da organização Exu de Lei. Meus filhos sabem a quem recorrer quando passam por dificuldades, portanto, não se apeguem nem recorram à magia negra como artifício para adquirir o que já é seu, pois no caminho de cada um de nós tudo está programado e certamente vai chegando a suas mãos de acordo com seu merecimento. Saibam vocês que existem milhares de espíritos na mesma situação em que se encontrava Claudine, esses irmãos desafortunados ou mesmo inconsequentes seguem sofrendo nas mãos de feiticeiros torturadores descomprometidos com a Lei Divina; esses espíritos estão espalhados por reinos sombrios ou cidades marginais nas regiões umbrálicas precisando e clamando por ajuda para saírem daquela situação. Eu vos asseguro que essa organização não faltará com seu compromisso humanitário de resgatá-los ainda que em condições adversas. Saibam, meus amados filhos, que o reino da calunga está à sua espera, onde o trabalho é intenso, porém, é extremamente prazeroso e dignificante. A chave está em suas mãos; nesta obra literária lhe dei o segredo de como guiar sua vida para o rumo certo.

Estou lhe esperando no meu palácio para uma conversa amistosa. Sou Maria Mulambo, sou o vento que refresca seus momentos de angústias e lhe guia pelos caminhos da prosperidade. Sou o fogo que queima suas angústias e abate a força de seus inimigos.

Sou Maria Mulambo, Rainha na Luz e na escuridão; Tata no Reino da Calunga. Sou Maria Mulambo, Pombagira de Lei; circulo majestosamente pelas sete encruzilhadas energéticas, sou chefe de falange, eu sou sua Guardiã,

Maria Mulambo, Exu Mulher.
LAROYÊ!